Mythos Führerbunker
Hitlers letzter Unterschlupf

Sven Felix Kellerhoff

Mythos Führerbunker

Hitlers letzter Unterschlupf

Giebel Verlag in der BERLIN STORY

Die Deutsche Bibliothek - CIP Einheitsaufnahme

Kellerhoff, Sven Felix:
Mythos Führerbunker. Hitlers letzter Unterschlupf
Herausgegeben von Wieland Giebel
1. Auflage – Berlin: Giebel Verlag 2003
ISBN 3-929829-13-4

1. Auflage, September 2003

Unter den Linden 10, 10117 Berlin, Tel./Fax: (030) 20 45 38 42
www.BerlinStory.de, E-Mail: service@berlinstory.de
Gestaltung und Satz: Kathrin Hirthammer
Fotorecherche: Swantje Kaposty
Lektorat: Gabriele Dietz
Druck: DruckVogt GmbH, Berlin
Buchbindung: Stein + Lehmann GmbH
ISBN 3-929829-13-4

Inhalt

Vorwort

Noch ein Buch über Hitler. Dabei gibt es doch über keinen Menschen der Zeitgeschichte mehr. Mindestens 67 einigermaßen seriöse Biographien des deutschen Diktators in den verschiedensten Sprachen sind in den vergangenen fünf Jahrzehnten erschienen; Übersetzungen, gekürzte Versionen und zahlreiche verherrlichende Schriften nicht gerechnet. Die wissenschaftlichen Studien über einzelne Aspekte von Hitlers Leben, über sein Regime und die Folgen seiner Herrschaft dürften in allen Sprachen insgesamt nach Hundert-, nicht nach Zehntausenden zählen. Und selbst über die letzten Wochen in Berlin und über den Bunker unter den Ministergärten, in dem er seinem Leben am 30. April 1945 ein Ende setzte, gibt es zahlreiche Bände. Allein im Jahr 2002 sind drei Bestseller darüber erschienen: Traudl Junges Memoiren »Bis zur letzten Stunde« geben die Ereignisse aus der Sicht einer Sekretärin Hitlers wieder. Den zwei Wochen von Beginn der sowjetischen Offensive auf Berlin bis zu Hitlers Selbstmord hat Joachim Fest, langjähriger Herausgeber der »Frankfurter Allgemeinen Zeitung«, seinen Essay »Der Untergang« gewidmet. Das letzte halbe Jahr des Dritten Reiches beschreibt der englische Autor Anthony Beevor, ganz im Stile britischer Schlachtenbeschreibungen, in seinen voluminösen Band »Berlin 1945«. Er lenkt den Blick auf das schwere Leben und das so erschreckend leichte Sterben in der Reichshauptstadt.

Eine Hauptrolle in diesen wie den meisten anderen Büchern über Hitlers Ende spielt seine letzte Zufluchtsstätte, der Führerbunker. Es gibt wohl kaum einen anderen unterirdischen Bau, der so häufig beschrieben worden ist wie die Luftschutzanlage der Reichskanzlei auf dem Gelände der Ministergärten in Berlins altem Regierungsviertel. In jedem Fall ist kein unsichtsichtbares und weitgehend zerstörtes Gebäude in so vielen Rekonstruktionen gezeigt worden. Von dem ersten nachträglich erstellten Grundriß, der 1946 veröffentlicht wurde, bis zu künstlerischen Illustrationen kann man mehr als ein Dutzend eigenständige Darstellungen des Führerbunkers unterscheiden – ohne die Varianten und Plagiate vor allem in zahlreichen Zeitungsartikeln und Büchern. Kaum eine Hitler-Biographie und kaum ein Hitler-Bildband kommen ohne Abbildung dieser Betonhöhle aus. Erst recht verzichtet keiner der zahlreichen Bände über den Tod des Diktators auf die Kulisse seines Selbstmordes. Anton

Joachimsthalers verdienstvolle Arbeit »Hitlers Ende. Legenden und Dokumente« zum Beispiel enthält einen zentimetergenauen Plan der Anlage, obwohl doch gar keine exakten Bauzeichnungen überliefert sind. In den Büchern der kleinen, aber rührigen Gemeinde der deutschen »Bunkerforscher« finden sich häufig Darstellungen des Führerbunkers. Doch längst nicht alle recherchieren so gut wie die Berliner Dietmar und Ingmar Arnold, die in ihren Bänden, zum Beispiel in »Dunkle Welten« (mit Frieder Salm), in »Der Potsdamer Platz von unten« und demnächst in »Sirenen und gepackte Koffer« (mit Reiner Janick) sehr detaillierte und zuverlässige Pläne von Hitlers Luftschutzanlage vorlegen.

Warum also noch ein Buch über Hitler und sein Ende im Führerbunker?

Zum einen, weil dieser Bau auch nach fast sechs Jahrzehnten immer noch fasziniert. Selbst im 21. Jahrhundert gehen beinahe täglich Touristengruppen über das Gelände und lassen sich vom düsteren Genius loci ein Gruseln über den Rücken jagen. Es sind keineswegs vor allem Ewiggestrige oder Neonazis, die diesen historischen Ort aufsuchen, sondern überwiegend Geschichtsinteressierte aus verschiedenen Ländern. Doch im Herzen der deutschen Hauptstadt, inmitten einer ungewöhnlich reichen Geschichtslandschaft mit zahlreichen Ausstellungen, Gedenkstätten und Informationstafeln zur Zeithistorie, weist nichts auf diesen Bau und seine Geschichte hin.

Zum andern, weil man sich derzeit nicht knapp und seriös informieren kann – weder am Ort selbst noch auf dem deutschen Buchmarkt und erst recht nicht in anderen Sprachen. Denn die zahlreichen Bände zum Leben und Sterben Hitlers, zum Endkampf um die Reichshauptstadt und zur Geschichte der Berliner Unterwelten bieten die verfügbaren Kenntnisse im besten Fall verstreut dar. Nie jedoch wird der Bogen geschlagen vom eigentlichen Bau tief im Boden unter den Ministergärten zum dramatischen Geschehen in den letzten 105 Tagen von Hitlers Existenz.

Ein dritter wesentlicher Grund schließlich ist die Fülle von unterschiedlichen Quellen zur Geschichte des Führerbunkers, die bisher nicht systematisch ausgewertet worden sind. Das vorliegende Buch beruht auf den einschlägigen Akten der Reichskanzlei im Bundesarchiv Berlin und des Ministeriums für Staatssicherheit im Archiv der Bundesbeauftragten für die Stasi-Unterlagen sowie auf der privaten Sammlung des Berliner Malers, Grafikers und Illustrators Erhard Schreier, der den Abbruch der Bunkerdecken 1988 dokumentiert hat. Alle diese Quellen sind in geringem Umfang bereits in anderen Büchern zu unterschiedlichen Aspekten des Themas herangezogen worden – eine ausführliche Darstellung auf dieser Grundlage aber fehlt bisher.

So ist es nicht verwunderlich, daß noch in den neunziger Jahren ungefähr ein halbes Dutzend Mal Hitlers angeblicher Bunker im Areal der Ministergärten »gefunden« wurde. Selbst seriöse Zeitungen und Zeitschriften wie die »Weltwoche« aus Zürich und die »Frankfurter Allgemeine Zeitung«, »Der Spiegel« und die »Berliner Zeitung« berichteten auf der Grundlage überholter oder komplett falscher Informationen über das mysteriöse Bauwerk. Boulevardzeitungen überschlugen sich geradezu mit knalligen Überschriften. Als unschlagbar erwies sich die teilweise in Fraktur gesetzte Zeile der längst verschiedenen Tageszeitung »Super!« vom 2. Juli 1992: »Wenn das der Führer wüßte – sein Bunker ein Denkmal«. Zwischenzeitlich forderten immer wieder Publizisten wie Daniel Goldhagen die »Öffnung« des vermeintlich noch zugänglichen, tatsächlich aber längst nur noch fragmentarisch existierenden Führerbunkers als Gedenkstätte.

Heute gehören die ehemaligen Ministergärten zum neuen Regierungsviertel im Herzen Berlins; dort residieren mehrere Vertretungen der deutschen Länder beim Bund, dort wohnen mehrere tausend Menschen in der letzten großen Wohnanlage der DDR; in unmittelbarer Nähe werden schon bald die 2700 Stelen des Holocaust-Mahnmals Jahr für Jahr Hunderttausende Besucher anziehen. Ihnen eine Möglichkeit zu geben, sich über das düstere wie faszinierende Bauwerk zu informieren, über Bau, Nutzung und Beseitigung des Führerbunkers und den trotzdem weiterwirkenden Mythos, ist das Ziel dieses Buches.

Die Grafiken auf der vorderen Innenseite des Umschlags geben die rekonstruierbare Gestalt des zweiteiligen Bunkers so genau wieder, wie das heute möglich ist. Berücksichtigt sind alle Arten von Informationen, von Akten aus der Entstehungszeit der Anlage über Schilderungen von überlebenden Bunker-Insassen und alliierten Bunker-»Touristen« sowie die Untersuchungen des DDR-Ministeriums für Staatssicherheit aus den siebziger Jahren bis hin zu privaten Aufzeichnungen aus der Zeit des Abbruchs. Mit dem Auftauchen weiterer, genauerer Quellen, zum Beispiel originaler Baupläne, ist kaum zu rechnen. Trotzdem kann derlei nicht völlig ausgeschlossen werden: In Moskauer Archiven sollen noch unveröffentlichte sowjetische Ermittlungsberichte von 1946 liegen, aus der Zeit vor der ersten, mißlungenen Sprengung der Bunkeranlage also. Ihre Qualität ist unbekannt. Wesentliche Veränderungen gegenüber den hier vorgelegten Rekonstruktionen sind allerdings kaum vorstellbar.

Wer ein Buch über den Nationalsozialismus und speziell über die Spitzen des Regimes schreibt, muß zwangsläufig mit dem Jargon der Täter arbeiten. Gewiß wären bei vielen Begriffen der »Lingua Tertii Imperii«, wie der Romanist Victor Klemperer seine brillante Miniatur über die Sprache des Dritten Reiches überschrieben hat, distanzierende Anführungszeichen geboten. Aus rein praktischen Erwägungen – die zeitgenössischen Quellen verwenden selbstverständlich keine – wird in diesem Buch darauf verzichtet, Selbstbezeichnungen wie Führer, Großdeutschland oder Drittes Reich in Anführungszeichen zu setzen. Das gleiche gilt für gängige Vokabeln des Regimes wie Wolfsschanze, Endsieg oder V-Waffen. Nur dort, wo der nationalsozialistische Ursprung von Wörtern oder ihre Umdeutung im Sinne der mörderischen Ideologie nicht ohne weiteres erkennbar ist, werden Quotierungen gesetzt.

Ein Buch wie dieses kann nur durch die Zusammenarbeit verschiedener Menschen entstehen. Wieland Giebel von der Buchhandlung Berlin Story hatte die Idee. Kathrin Hirthammer erstellte die Grafiken und übernahm die Gestaltung des Bandes. Swantje Kaposty recherchierte europaweit Bildrechte. Erhard Schreier, der wahrscheinlich allerletzte Besucher des Führerbunkers, unterstützte die Arbeit mit seinem enormen Wissen und leistete einen wichtigen Beitrag zur Dokumentation. Dietmar und Ingmar Arnold sowie Klaus Topel prüften freundlicherweise Teile des Manuskripts. Jörg Rudolph vom privaten Historischen Forschungsinstitut Facts & Files ließ seine Archivkontakte spielen. Lars-Broder Keil war wie stets ein gewissenhafter Gegenleser. Gabriele Dietz hat als aufmerksame Lektorin dem Autor viel zusätzliche Arbeit aufgehalst, um dem Leser die Lektüre so verständlich wie möglich zu machen. Ihnen allen gebührt der Dank des Verfassers. Trotz der Unterstützung dieser Freunde und Kollegen können Fehler verblieben sein. Die Verantwortung dafür trägt der Autor; korrigierende Hinweise an den Verlag sind sehr erwünscht.

Berlin im August 2003 Sven Felix Kellerhoff

Die Südostecke des Hauptbunkers während des Abrisses 1988.
Die Öffnung gehört zur Lüftungsanlage der Toiletten (vgl. Nr. 15 der Grafik auf der Umschlagklappe) oder ist ein Kabelschacht. Im Hintergrund das ehemalige Propagandaministerium, in dem zum Zeitpunkt der Aufnahme die DDR-Blockparteien der Nationalen Front residierten. Heute ist in dem Gebäude (Wilhelmstraße 49) das Bundesministerium für Gesundheit und Soziale Sicherung untergebracht.

Das letzte Foto: Adolf Hitler und sein Chefadjutant Julius Schaub (links) im April 1945 in den Trümmern der Neuen Reichskanzlei. Das genaue Datum der Aufnahme und der Fotograf sind unbekannt.

Der Mythos

Finstere Faszination

Ein ganzes Leben zusammengefaßt in einem Foto: Das ist selten. Für Adolf Hitler trifft es zu. Das vermutlich letzte Bild des Führers, aufgenommen in der zweiten Aprilhälfte 1945 und damit wenige Tage vor seinem Selbstmord, zeigt ihn inmitten der Ruinen seiner Neuen Reichskanzlei. Jenes Prachtbaus, von dem aus er die Welt zu erobern versuchte und doch nur die Menschheit in den furchtbarsten Krieg der Geschichte führte. Die Gewalt, mit der er sich Europa untertan machen wollte, holt ihn in dieser Aufnahme ein. Bomben und Granaten haben das Werk seines Architekten Albert Speer zerfetzt. Das Dauerfeuer aus sowjetischen Kanonen auf das Regierungsviertel gestattet dem Diktator nur noch ganz kurze Ausflüge unter freien Himmel; den größten Teil seines kurzen Lebensabends verbringt er, achteinhalb Meter tief in der Erde eingegraben, im eilig bezugsbereit gemachten, doch niemals ganz fertiggestellten Führerbunker unter dem Garten der Reichskanzlei.

Nur schemenhaft sind Hitlers Züge unter der tief ins Gesicht gezogenen Schirmmütze zu erkennen. Einzig an der Nase und dem charakteristischen Schnäuzer ist er auf den ersten Blick zu identifizieren. Der ehemals mächtigste Mann Europas wirkt auf diesem Bild, dessen Fotograf ebenso unbekannt ist wie der genaue Zeitpunkt, gebeugt und wie verkrochen in seinen dunklen Uniformmantel. Einen Schritt hinter Hitler steht sein langjähriger Chefadjutant, der mehr aus Dankbarkeit denn Kompetenz zum SS-Obergruppenführer beförderte Julius Schaub, und redet auf den gescheiterten Welteroberer ein. Ob Schaub in diesem Moment vom »Endsieg« spricht und vom angeblich unmittelbar bevorstehenden Entsatz des belagerten Regierungsviertels durch die »Armee Wenck« oder die »Kampfgruppe Steiner«? Die unterwürfige Haltung des Vertrauten läßt noch erahnen, wie total der Führer seine engste Umgebung und Millionen Deutsche beherrscht hat.

Hitlers Ende fasziniert – 1945 ebenso wie heute, fast sechs Jahrzehnte später. Aber weshalb? Ist es die geradezu absurde Szenerie? Immerhin herrschte der einstige »Größte Feldherr aller Zeiten« in jenen letzten Apriltagen des Jahrs 1945 nur noch über ein Territorium, gegen das sogar der Vatikan als Flächenstaat erscheint: Hitlers

Reich war zuletzt einen Hektar groß. Ist es die ausweglose Situation? Die ohne Zweifel an eine antike Tragödie gemahnen würde, wären nicht 50 Millionen Menschen dem Größenwahn des Braunauers zum Opfer gefallen. Oder ist es schlicht der Kontrast? Die einstigen Regierungsräumlichkeiten Hitlers, eben die Neue Reichskanzlei, umfaßten zum Beispiel ein 390 Quadratmeter großes und 9,75 Meter hohes Arbeitszimmer für den Reichskanzler sowie eine 146 Meter lange Marmorgalerie; der Führerbunker dagegen bestand aus zwei meterdick einbetonierten und feuchten Verliesen mit jeweils rund 250 Quadratmetern Nutzfläche, in denen etwa 20 Menschen hausten.

Luftaufnahme des zerstörten Regierungsviertels vom Sommer 1945.
Die Angaben der Hausnummern entsprechen der damaligen Numerierung.

Groteske Gerüchte

Vielleicht ist es der Führerbunker selbst, jene feuchte Betonhöhle unter Berlins damals prominentester Adresse Wilhelmstraße 77, die das Interesse vieler Menschen fesselt. Niemand kann mehr all die Mythen überblicken, die sich um »den Bunker« ranken: willkürliche Angaben zu Bauart, Tiefe und Größe der Anlage sowie zur Stärke ihrer Decken, die immer noch vielfach in Büchern und Zeitungsartikeln auftauchen; »Berichte« über die Vernetzung dieser Betonhöhle mit anderen unterirdischen Anlagen; und schließlich »Berichte« über Geschehnisse in der teilzerstörten Anlage zwischen 1947 und heute. Alle diese Mythen tragen zur Faszination des Baus bei; Gerüchte sind, so scheint es, bei weiterem interessanter als die nüchterne Realität.

Über die Ausmaße des Führerbunkers kursieren zahlreiche, teilweise grotesk übertriebene Angaben. Am beliebtesten sind Spekulationen über die Stärke der Decken und über die Tiefe der gesamten Anlage; sie tauchen selbst in Zeitungsartikeln und Bücher aus jüngster Zeit auf, obwohl bereits seit Jahren seriöse Angaben verfügbar sind. Relativ nah an der Realität war noch Albert Speer, der in seinen Erinnerungen von einer Deckenstärke von fünf Metern und zwei Metern Erdschicht darüber berichtete, was einer Gesamttiefe von zehneinhalb Metern entsprach.[1] Die russische »Kundschafterin« Jelena Rshewskaja[2], die den Bunker noch im Mai 1945 selbst in Augenschein nahm, ging von einer Deckenstärke von acht Metern plus mindestens vier Meter Erddeckung aus, ähnlich der deutsche Generalstabsoffizier Berndt Freytag von Loringhoven.[3] Der US-Journalist James O'Donnell schätzte die Sohlentiefe des Bunkers auf 14 Meter, die Deckenstärke aber nur auf 2,8 Meter.[4] Auch der kanadische Sachbuchautor Cornelius Ryan schrieb nach seinen Gesprächen mit Zeitzeugen von einer Decke von 2,8 Meter.[5] Der Brite Hugh Trevor-Roper vermerkte, der Bunker liege 15 Meter unter dem Garten der Reichskanzlei, der Ordonnanzoffizier Gerhard Boldt erinnerte sich sogar an 16 Meter Tiefe.[6] Einzigartig ist schließlich die Angabe, die Betondecke sei elf Meter stark gewesen, wie Hitlers Sekretärin Traudl Junge noch 2002 in ihren Erinnerungen schrieb. Sie ist auch die einzige, die gesehen haben will, daß die monströse Decke sich über das Bodenniveau des Gartens hinter dem Festsaal erhob, und zwar gleich um einen Meter.[7]

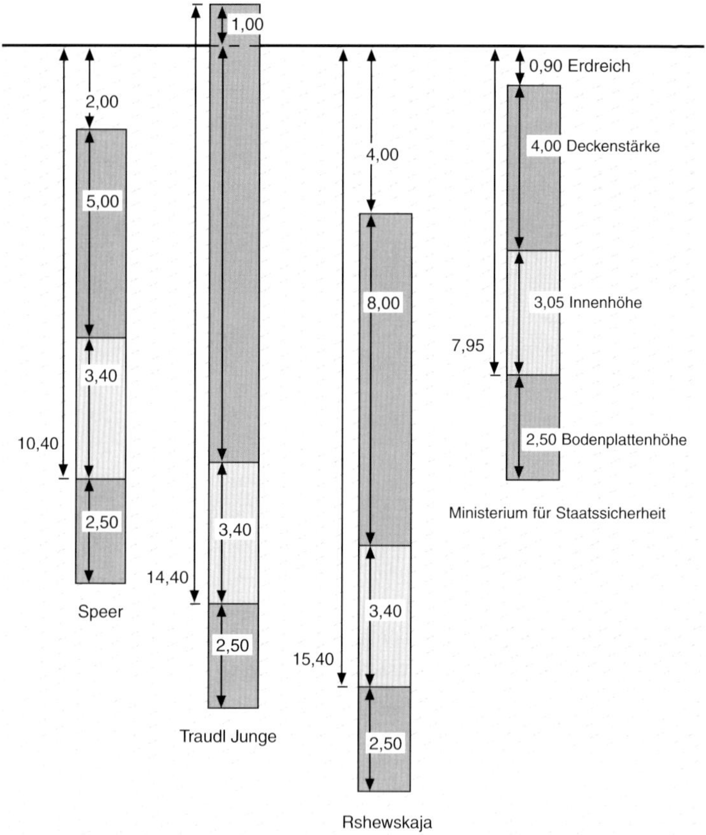

Über die Deckenstärke und die Tiefe des Hauptbunkers existieren unterschiedlichste Angaben. Verläßlich sind einzig die Messungen der DDR-Staatssicherheit.

Über der massiven Betondecke des Hauptbunkers lag jedoch eine Erdschicht, deren Stärke nicht mehr genau rekonstruiert werden kann; eine Messung des DDR-Ministeriums für Staatssicherheit auf dem Areal des Führerbunkers, zum damaligen Zeitpunkt inmitten des Todesstreifens an der Berliner Mauer gelegen, kam zwar 1973 auf eine Erddecke von 90 Zentimeter. Doch war auch dieser Wert nur geschätzt, weil es bereits Ende der fünfziger Jahre große Erdbewegungen auf dem Areal gegeben hatte.[8] Auf keinen Fall ragte die

Betondecke über die Erdoberfläche hinaus. Das bestätigen alle überlieferten Bilder vom Garten der Reichskanzlei 1945 und alle Zeugen außer eben Traudl Junge.

Wie fehlerhaft jedoch selbst gewissenhafte Überprüfungen sein können, zeigt sich in einer Anmerkung im Abschlußbericht der Untersuchung durch die Staatssicherheit; dort heißt es: »Auf Befehl Hitlers wurde über dem Hauptbunker nach den ersten Erschütterungen des Bunkers durch Granateinwirkung ein Hügel von ca. 13,50 Meter über Bunkersohle aufgeschüttet.«[9] Tatsächlich wurde dieser Hügel erst im Herbst 1959 aufgeschüttet, nachdem die Versuche, den Führerbunker zu sprengen, zum zweiten Mal nach 1947 gescheitert waren – und zwar auf Anweisung von DDR-Behörden. Sämtliche verfügbaren Fotos zeigen, daß es bis dahin keinen Hügel über der Anlage gab.

Noch phantasievoller als die Berichte über die Deckenstärke und die Tiefe der Anlage sind die »Informationen« über die angebliche Vernetzung des Führerbunkers mit anderen unterirdischen Anlagen. In vielen Grafiken sind Gänge zum Reichspropagandaministerium auf der anderen Seite der Wilhelmstraße eingezeichnet, auch eine Verbindung zum Außenministerium soll es gegeben haben.[10] Bei Zeugenvernehmungen der Stasi-Kommission in Sachen Führerbunker sagte im August 1972 ein gewisser Harry W. aus, es habe ein Gang von Hitlers Luftschutzanlage Richtung Westen geführt, also zum Tiergarten.[11] Außerdem wußte der 1959 an der Aufnahme der unterirdischen Anlagen zwischen Voßstraße und Spree beteiligte Zeuge von einer Verbindung der Alten Reichskanzlei mit dem Tunnel zwischen Reichstag und Reichstagspräsidenten-Palais, dem angeblichen »van der Lubbe-Gang«, zu berichten, durch den 1933 die vermeintlichen Helfershelfer des holländischen Brandstifters ins Parlament gekommen seien.[12] Die Pläne von 1959 sind dem Ministerium für Staatssicherheit offenbar nicht zugänglich gewesen, falls sie denn überhaupt existiert haben; jedenfalls findet sich in den gesamten Akten der MfS-Untersuchung kein weiterer Hinweis darauf. Ein anderer Augenzeuge, der Rentner T., wollte selbst einen unterirdischen Gang zwischen der Villa Goebbels und der Ganganlage der Reichskanzlei benutzt haben. Über unterirdische Verbindungen des Führerbunkers wußte dieser Zeuge allerdings nichts zu berichten, ebensowenig wie Lothar B., der aber immerhin eine unterirdische Verbindung der Villa Goebbels mit dem Großen Bunker unter der Neuen Reichskanzlei zu kennen meinte.[13]

In einer Arbeitskartei über die tatsächlichen oder angeblichen unterirdischen Bauten im Bereich der Ministergärten vermerkte ein Mitarbeiter der Stasi-Arbeitsgruppe zum Führerbunker: »Bei Flutung 1945 wurde rasches Sinken des Wasserspiegels in Verbindung mit Zunahme der Feuchtigkeit im S-Bahntunnel der Nord-Süd-S-Bahn im Abschnitt Potsdamer Platz bis Brandenburger Tor festgestellt. Daher Vermutung, daß eine Verbindung zur Nord-Süd-Bahn bestehen muß.«[14] Allerdings wurde der Führerbunker 1945 gar nicht geflutet, sondern es sickerte lediglich Grundwasser ein. Die verbliebene Einrichtung war noch im Frühjahr 1946 an Ort und Stelle vorhanden, als eine sowjetische Untersuchungskommission teilweise millimetergenaue Maße nahm und keine Spuren einer Überflutung feststellte.[15] Vielmehr war der Nord-Süd-Tunnel selbst nach einer Sprengung der Kreuzung mit dem Landwehrkanal am 2. Mai 1945 vollgelaufen und wurde erst im zweiten Halbjahr leergepumpt.[16] Selbst wenn es einen Gang zwischen Führerbunker und S-Bahntunnel gegeben hätte, wäre es daher unmöglich gewesen, daß Wasser auf diesem Wege aus dem Führerbunker ablief. Zum selben Ergebnis kam schließlich auch die Arbeitsgruppe des MfS.[17] Bündig stellten die Geheimdienstler fest: »Bei der Aufklärung der Bunkeranlagen konnte festgestellt werden, daß diese Bunkeranlage über keine Verbindungsgänge nach West-Berlin verfügte.«[18]

Das vielleicht phantasievollste Gerücht in bezug auf Hitler und die Bunkeranlagen unter den Ministergärten verbreitete ein gewisser Johannes von Müller-Schönhausen 1959 in seinem Buch »Die Lösung des Rätsels Hitler«. Darin referierte er unter anderem eine »inoffizielle« Version der Ereignisse in der Reichskanzlei; danach »ist es dem Führer gelungen, in einem versteckten Keller der Reichskanzlei das Dritte Reich und die ersten Monate der Nachkriegswirren zu überstehen.« Später sei er nach Arabien geflüchtet, wo er den Kampf gegen Israel leite.[19] Laut anderen Phantasiegebilden soll sich Hitler mit einer V2-Rakete aus Berlin in Sicherheit geschossen haben oder von einem Ufo abgeholt worden sein. Bemerkenswert daran ist vor allem, daß es offenbar tatsächlich Menschen gibt, die bereit sind, an solche Märchen zu glauben.

Etwas diesseitiger, aber kaum wahrscheinlicher sind Gerüchte, die im Zusammenhang mit dem Teilabriß des Führerbunkers 1988 aufkamen. So berichtete einer der Bauarbeiter, er wisse mit Sicherheit, daß die Rote Armee irgendwann nach der versuchten Sprengung des Hauptbunkers 1947 die Reste der Betonhöhle von Kampftauchern habe untersuchen lassen. Zwei von ihnen seien jedoch nie wieder aufgetaucht, sondern würden in der mehrstöckigen unterirdischen Anlage vermißt und seien wahrscheinlich ertrunken. Allerdings gab es weder mehrstöckige Bunkeranlagen unter den Ministergärten, noch wurden bei den Untersuchungen 1973 und 1988 irgendwelche Hinweise auf verunglückte Taucher entdeckt. Ebenfalls verbreitete sich das Gerücht, der Bunker sei mit automatischen Türen versehen gewesen, die selbsttätig erkannten, ob ein Besucher berechtigt war, den innersten Bereich aufzusuchen. Nicht einmal solche offensichtlichen Anleihen bei populären Science-Fiction-Filmen waren zu widersinnig, um weiterverbreitet zu werden.[20]

Bewegte Bilder

So surreal wie Adolf Hitler, der wahrscheinlich größte Verbrecher der Weltgeschichte, ist keiner seiner Konkurrenten um diesen zweifelhaften Titel gestorben. Josef Stalin verschied nach einem Schlaganfall in seiner Datscha bei Moskau, ohne das Bewußtsein wiedererlangt zu haben; Mao Tse-tung war in seinen letzten Jahren ein menschliches Wrack, von Parkinson und Schlaganfällen schwer gezeichnet, und ließ sich von jungen Mädchen zu Tode pflegen; Pol Pot stand jahrelang unter Hausarrest, bevor er schließlich aus Angst vor einer bevorstehenden Auslieferung an die USA entweder einem Herzinfarkt erlag oder sogar Selbstmord beging. Vielleicht sind die letzten Tage im Leben des deutschen Diktators gerade wegen ihrer Surrealität so häufig verfilmt worden wie die keines anderen Menschen. Neben zahlreichen Dokumentationen über den Endkampf um Berlin gibt es vier Spielfilme, die sich ausschließlich mit Hitlers Sterben beschäftigen; im Herbst 2004 kommt der fünfte in die Kinos, und pünktlich zum 60. Jahrestag im April 2005 wird es auch ein Fernseh-»Doku-Drama« über die letzten Tage im Führerbunker geben.

Schon zehn Jahre nach dem dramatischen Ende in Berlin 1945 inszenierte der Regisseur Georg Wilhelm Papst die erste Verfilmung, übrigens eine österreichische Produktion.[21] In »Der letzte Akt«, geadelt durch ein Original-Drehbuch von Erich Maria Remarque, gibt Albin Skoda, ein renommierter Schauspieler des Wiener Burgtheaters, mit einer beeindruckenden Leistung den immer mehr in den Wahnsinn abgleitenden Diktator. Der Film fügt den tatsächlichen Ereignissen zwei Handlungsstränge hinzu, von denen einer zwar, die Flutung des Nord-Süd-Tunnels der S-Bahn, tatsächlich stattgefunden hat, aber in keinem Zusammenhang mit den Ereignissen im Führerbunker stand, der andere frei erfunden war: Die Person des Hauptmann Richard Wüst und sein Versuch, Hitler im Bunker umzubringen, entbehren jeder Grundlage.

Burgschauspieler Albin Skoda als Adolf Hitler in »Der letzte Akt«, 1955.

Gleich zwei Filme über das Ende Adolf Hitlers wurden 1972 gedreht: die Fernsehproduktion »The Death of Adolf Hitler«, in Deutschland nicht ausgestrahlt und auch nicht als Video zugänglich, und der Kinofilm »Hitler – The Last Ten Days«. Alec Guinness verkörpert den Diktator in diesem mit dokumentarischem Anspruch gedrehten Spielfilm.[22] Um die Seriosität der Produktion hervorzuheben, läßt Regisseur Ennio di Concini zu Beginn zwei Statements einblenden; der britische Historiker Hugh Trevor-Roper, Autor des ersten, schon 1946 erschienenen Buches über »Die letzten Tage Hitlers« versichert: »Dieser Film ist das Ergebnis gewissenhafter Forschung. Die gesprochenen Worte und die Handlungen basieren alle auf authentischer historischer Evidenz.« Als würde dieser Ritterschlag eines der bekanntesten britischen Historiker nicht reichen, bemüht di Concini auch noch seinen fachlichen Berater, den ehemaligen Rittmeister Gerhard Boldt, als Adjutant des Generalstabschefs im März und April 1945 oft anwesend in Hitlers letztem Hauptquartier: »Ich persönlich habe die meisten Ereignisse, die in diesem

Film geschildert werden, mit eigenen Augen verfolgt, während ich vom 20. April bis zum 29. April 12.45 Uhr im Führerbunker war.« Tatsächlich jedoch verbiegt das Drehbuch von de Concini und Wolfgang Reinhardt die tatsächlichen Ereignisse im Bunker ohne jede Rücksicht auf die historische Realität. In einer seltsamen Kombination aus ernsthafter Inszenierung, originalen Aufnahmen aus dem Frühjahr 1945 sowie Anleihen bei Charlie Chaplins »Großem Diktator« laviert Alec Guinness stets haarscharf am Slapstick vorbei. Herausgekommen ist ein unfreiwillig komischer Film, der die bekannten Tatsachen so stark verzeichnet, daß bis auf vereinzelte, intensive Szenen nichts stimmt am vermeintlich tatsachengestützten Hitler-Bild.

Alec Guinness als Adolf Hitler und Doris Kunstmann als Eva Braun in dem unfreiwillig komischen Film »The Last Ten Days« von 1972.

Der bisher jüngste Hitler-Film, »The Bunker« von 1980 (eine US-Fernsehproduktion), stützt sich wie »Hitler – The Last Ten Days« sowohl auf den Bericht eines alliierten Beobachters als auch auf die Erinnerungen ehemaliger Bunkerinsassen. Drehbuchautor John Gay nutzt als Rahmenhandlung die Erlebnisse des Journalisten James O'Donnell, der am 4. Juli 1945 als wahrscheinlich erster

US-Amerikaner den Führerbunker betrat. Das Drama in den 105 Tagen zwischen Hitlers Ankunft in der Reichskanzlei und seinem Selbstmord wird weitgehend beschrieben nach den Aussagen von O'Donnells »Kronzeugen« Johannes Hentschel, dem Maschinisten der Reichskanzlei, und von Albert Speer, Hitlers Lieblingsarchitekten und Rüstungsminister. Auf der Grundlage ihrer Erinnerungen entwickeln sich die zwei Handlungsstränge des Films. Längere Passagen spielen außerhalb des Bunkers, zum Beispiel in den Büros von Speers Ministerium, im Garten des Reichskanzler-Palais und in den Resten der Neuen Reichskanzlei, wo Regisseur George Schaefer den Diktator am 20. April 1945 die Gratulationen seiner engsten Umgebung entgegennehmen läßt.

Bemerkenswert an »The Bunker« ist vor allem der Hauptdarsteller Anthony Hopkins. Ihm gelingt es, die Balance zwischen Wirklichkeit und Wahnsinn zu halten, auch wenn die Details bei dieser Produktion so wenig exakt sind wie in allen anderen Führerbunker-Verfilmungen. Die Schwäche des Films liegt darin, daß Hitler noch bis in seine letzten Lebenstage als nur gelegentlich vom Wahnsinn übermannte Figur erscheint, obwohl er doch längst nur noch ein menschliches Wrack war.

In der nächsten Verfilmung der letzten Tage im Führerbunker wird Bruno Ganz die Hauptrolle spielen. In seiner Hitler-Maske wirkt er bedrängend authentisch.[23] Produzent Bernd Eichinger und Regisseur Oliver Hirschbiegel stützen ihren Film »Der Untergang – Hitler und das Ende des Dritten Reiches« auf zwei Bücher, auf eine historische Darstellung und einen Augenzeugenbericht, Joachim Fests Essay »Der Untergang« und Traudl Junges Erinnerungen »Bis zur letzten Stunde«. Im September 2004 soll der Film, besetzt mit bekannten Gesichtern der deutschen Schauspielerszene wie Ulrich Noethen, Corinna Harfouch und Daniel Brühl, in die internationalen Kinos kommen und damit vom anläßlich des dann bevorstehenden 60. Jahrestags sicher noch einmal wachsenden Interesses am Ende dieser düsteren Phase der deutschen Geschichte profitieren. Eichinger verspricht, weder Schulfunk noch Heldengeschichte abzuliefern: »Wir machen einen großen epischen Film fürs Kino. Allerdings halten wir uns dabei streng an die Dokumente. An Stenogramme der Lagebesprechungen und an die Aufzeichnungen von Zeitzeugen. Was historisch nicht belegt ist, kommt nicht vor. Wir machen keine Soap-Opera und auch kein Doku-Drama.«[24]

Anthony Hopkins in »The Bunker«, 1980. Seine Interpretation wahrt die Balance zwischen Wirklichkeit und Wahnsinn.

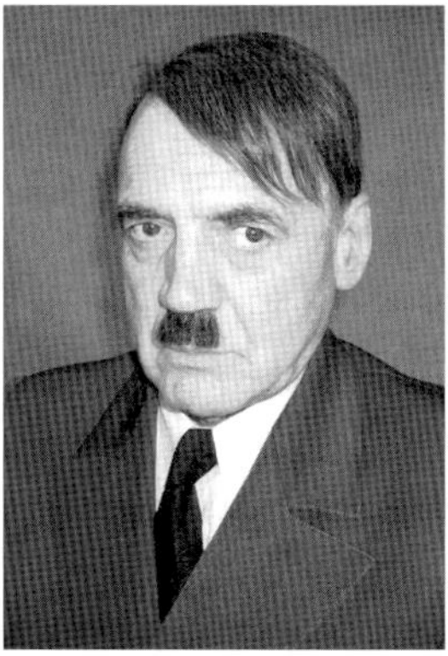

Bedrängend authentisch wirkt Bruno Ganz als Adolf Hitler in der jüngsten Verfilmung des Endes im Führerbunker, die im Herbst 2004 in die Kinos kommen soll.

Im April 2005, wenige Tage vor dem 60. Jahrestag von Hitlers Selbstmord, wird dann das ZDF ein Fernsehspiel über das Ende im Bunker ausstrahlen, das Spielszenen, Originalaufnahmen von 1945 und Zeitzeugeninterviews miteinander verbindet. Dieter Wedel, Star-Regisseur des deutschen Fernsehens, zeichnet verantwortlich für die nachgestellten Szenen, die aus der Sicht einer fiktiven Figur die Vorgänge im Bunker erzählen, die Redaktion Zeitgeschichte von Guido Knopp für den dokumentarischen Teil.[25] Ungelöst war im Sommer 2003 noch die Frage des Hitler-Darstellers, die angesichts der verschiedenen, überwiegend gescheiterten Vorgänger allerdings schlechthin entscheidende Frage. Knopp sieht das gelassen; er hält die Zeit nach sechs Jahrzehnten für reif, einen entspannteren Umgang mit der Person Hitler im Medium Fernsehen zu pflegen: »Es hat in der Vergangenheit die Souveränität gefehlt, sich Hitler mit ästhetischem Anspruch zu nähern. Aber nachdem wir Deutschen uns eingehend mit den Greueltaten beschäftigt haben, scheint bei vielen nun die innere Blockade aufgehoben, sich Hitler auch szenisch nähern.«[26]

Der Ort des Führerbunkers heute, aufgenommen aus dem DDR-Plattenbau Wilhelmstraße 92. Eingezeichnet sind die Umrisse des Haupt- (hinten) und des Vorbunkers.

Der Ort

Das Areal heute

Ein Parkplatz. Natürlich ein Parkplatz. Wo am 30. April 1945 achteinhalb Meter tief unter der Erde Adolf Hitler seinen letzten Atemzug tat, dort liegt, im Herzen der deutschen Hauptstadt, im Sommer 2003 ein Parkplatz. Eine stabile Asphaltdecke schirmt uns von der Vergangenheit ab. Eine milde Bodenwelle zwischen Einfahrt und Bürgersteig ist alles, was an der Oberfläche vom ehemaligen Führerbunker noch zu erkennen ist. Wo einst Hitlers Leiche verbrannt wurde, steht eine Schranke. Zufahrt zum Parkplatz haben nur die Mieter der umliegenden Plattenbauhochhäuser. Ordnung muß sein.

Ist die Schranke an diesem Ort eine List der Geschichte? Eine Reminiszenz an den Hochsicherheitsbereich, der hier von Januar bis Mai 1945 bestand? Oder nur ein purer Zufall, diktiert von so rationalen wie banalen Überlegungen der Praktikabilität? Natürlich gilt auf diesem Parkplatz die Straßenverkehrsordnung. Zwar weist darauf kein Schild eigens hin, aber jeder Deutsche weiß es auch so. Natürlich weist auch kein Schild auf das hin, was hier vor fast sechzig Jahren geschehen ist. Die Wilhelmstraße ein paar Dutzend Meter weiter östlich ist gesäumt mit Tafeln zur Geschichte der einzelnen Grundstücke[1] – aber die Ruhe des Parkplatzes wird von keinem Hinweis auf den Führerbunker gestört. Der Boden ist historisch kontaminiert wie wenige andere Orte in der ehemaligen Reichshauptstadt; auf kleinster Fläche sind hier immerhin einige tausend Tonnen Stahlbeton im Boden verborgen, die nur einem Zweck dienten: Adolf Hitler zu schützen. Wer das nicht weiß oder nicht wissen will, sieht nichts. Hier liegt im wahrsten Sinne des Wortes Geschichte begraben. Nichts deutet darauf hin, was einst an genau dieser Stelle geschah.

Gegenüber der Schranke liegt ein fast neuer Sportplatz. Er ist schmuck gestaltet, man sieht ihm die 1,4 Millionen Euro Kosten an.[2] Muß man wissen, was unter diesem Areal verborgen war, wenn man hier seinen Körper trainiert? Sport ist nicht diskreditiert, nur weil die Nazis daraus einen Kult machten. Noch ein paar Meter weiter stehen einige Vertretungen der deutschen Bundesländer beim Bund, die innerdeutschen Botschaften sozusagen.[3] Dank ihnen kommt langsam so etwas wie gesellschaftliches Leben auf an dieser

Adresse vis-à-vis des neuen Potsdamer Platzes.[4] In den Landesvertretungen finden Vorträge, Empfänge, Ausstellungen statt. Ob die Besucher wissen, welches Drama sich genau hier vor sechs Jahrzehnten abspielte? Wahrscheinlich reicht das historisches Bewußtsein der meisten Besucher nur zurück bis zum August 1961, als die ehemaligen Ministergärten zwischen Wilhelmstraße und dem Tiergarten zum Todesstreifen wurden.

Der Ost-West-Konflikt läßt sich an der Bebauung der Grundstücke genau ablesen: hier die achtstöckigen Plattenbauten; dort die individuell gestalteten und trotzdem seltsam einförmigen Steinfassaden der neuen Berliner Republik. Steht man auf dem Parkplatz über dem Führerbunker und blickt gen Osten, sieht man triste Betonplatten übereinandergestapelt. 1030 Wohnungen insgesamt; etwas, aber wirklich nur etwas abwechslungsreicher gestaltet als die Hochhäuser in Marzahn und Hellersdorf. Sie sind trotzdem recht gut vermietet. Es gibt ein Frauenhotel, ein paar Geschäfte, etwas Leerstand auch. Die vergangenen Jahre haben den Kindern der Mieter einen schönen Spielplatz an der Voßstraße gebracht – unter dem, natürlich, einmal ein Bunker lag, worauf, natürlich, nichts hinweist. Südlich der Straße sperrt immer noch eine drei Meter hohe Backsteinmauer ein Trümmergrundstück ab; hier stand einst das Reichsverkehrsministerium. Auf den ehemaligen Wilhelmplatz genau östlich, den die SED 1949 mit allem Pomp eines stalinistischen Regimes in »Thälmannplatz«[5] umbenannte, weist nichts mehr hin. Die Botschaft der längst von der Geschichte überholten »Tschechoslowakischen Sozialistischen Republik« steht auf der südlichen Hälfte. Heute repräsentiert sich dort die Tschechische Republik. Auf der nördlichen Hälfte des Wilhelmplatzes erhebt sich ein Plattenbau, in dessen Erd- und Untergeschoß einer der größten Berliner Supermärkte liegt. Nördlich davon wieder: Plattenbauten. Der Straßenrand immerhin ist begrünt, eine kleine Oase entlang der Durchgangsstraße ist entstanden, wo einst zwei Jahrhunderte lang Häuserfront an Häuserfront stieß, wo kein Baum nötig schien, weil die gewaltigen Gärten hinter den Barock-Palais den Bewohnern ausreichend erschienen.[6]

Die Plattenbau-Blocks auf der westlichen Wilhelmstraßenseite werden von der jüngst geschaffenen Gertrud-Kolmar-Straße begrenzt. Jenseits liegen die seit 1990, im vereinten Deutschland errichteten Gebäude. Die Landesvertretungen und der Sportplatz befinden sich hier; auf dem Gelände nördlich der ebenfalls neuen Hannah-Arendt-Straße wird das Holocaust-Mahnmal entstehen, noch weiter nördlich, jenseits der verlängerten Behrenstraße, erheben sich die Neubauten der DG-Bank, der Akademie der Künste und der Erweiterungsbau des Hotels Adlon. Weit im Südwesten versperren die Hochhäuser am Potsdamer Platz den Blick auf die Philharmonie; davor steht die Villa Voß aus hellem Sandstein, der Sitz des Arbeitgeberverbandes Gesamtmetall, selbstredend mit einigen luxuriösen Penthouse-Wohnungen. Für diesen 15 Millionen Euro teuren Bau mußte eine drei Meter starke Stahlbetonplatte zertrümmert werden, die tief im Boden lag: Überbleibsel eines Bunkers unter der Neuen Reichskanzlei.[7] Gezögert haben die Arbeitgeber nicht, an diese Adresse zu ziehen. Hätten sie zögern sollen?

Das Areal künftig

Im Jahr 2005 soll, pünktlich zum 60. Jahrestag des Kriegsendes, das Holocaust-Mahnmal eingeweiht werden. Nach allerlei Verzögerungen sieht es im Augenblick so aus, als könnte dieses Großprojekt der Berliner Republik zeitgerecht verwirklicht werden, auch wenn die Kosten absehbar höher ausfallen werden als geplant. Damit werden die Ministergärten noch mehr als heute zu einem Anziehungspunkt für Touristen. Vom Eingang des unterirdischen »Ortes der Information« an der Südostecke von Peter Eisenmans Stelenfeld sind es vielleicht hundert Meter Luftlinie zum Ort des einstiges Führerbunkers, wo sich Adolf Hitler der Verantwortung für den millionenfachen Mord entzog. Zwischen dem künstlerisch-künstlichen Denkmal und dem historischen Ort wird es keinen Bezug geben.

Im Gegenteil: Schon bald sollen die Bauarbeiten beginnen, um mit zwei neuen Häuserblöcken die DDR-Plattenbauten so zu ergänzen, daß vom Denkmal aus kein Blick mehr zum Parkplatz möglich ist, unter dem die Reste des letzten Führerhauptquartiers liegen. »Wohnen in den Ministergärten« nennt die Bauherrin, die Wohnungsbaugesellschaft Mitte, dieses 40 Millionen Euro teure Projekt, und natürlich werden hier Luxuswohnungen entstehen.[8] Eine große Tiefgarage unter den neuen Blöcken immerhin soll oberirdische Parkplätze überflüssig machen; was mit der Asphaltfläche über dem Führerbunker geschehen wird, steht noch nicht fest. Die ursprünglich vorgesehene Überbauung, der Lückenschluß zwischen Neubau und DDR-Platte über den unterirdischen Resten, sei »zurückgestellt«, heißt es.[9] Architektonisch ist es ohne Zweifel eine erhebliche Herausforderung, Fassaden in einer der besten Lagen der Hauptstadt gleichzeitig so attraktiv zu gestalten, daß sie die hohen Ansprüche der angestrebten finanzstarken Bewohner erfüllen, und so zurückhaltend, daß sie die Würde des Holocaust-Mahnmals nicht stören. Vorgehängte Glasfronten sollen das Problem lösen. Die Bewohner der DDR-Bauten sind von den Plänen nicht begeistert; immerhin werden ihnen die neuen Blocks die Aussicht auf den Tiergarten und auf wunderschöne Sonnenuntergänge verstellen. Sie haben Unterschriften gegen das Projekt gesammelt, beim Bundestag, beim Senat und beim Berliner Abgeordnetenhaus protestiert.[10] Erfolg hatten sie nicht: »Es wird gebaut«, läßt die Wohnungsbaugesellschaft ausrichten; den betroffenen Mietern werden Ersatzwohnungen angeboten.[11] Die Plattenbau-Mieter gehen gegen eine absolut eindeutige Rechtslage an – sie werden sich arrangieren müssen. Ob die künftigen Besucher des Holocaust-Mahnmals die verbaute Sichtachse wahrnehmen? Oder werden zumindest einige von ihnen von Peter Eisenmans Stelenfeld zur originalen historischen Stätte hinübergehen, um dort – nichts zu finden?

Das Holocaust-Mahnmal und die künftige Blockbebauung des Projekts »Wohnen in den Ministergärten« (Simulation). Der Neubau rechts oben wird die Blickachse vom Mahnmal zum historischen Ort des Führerbunkers versperren.

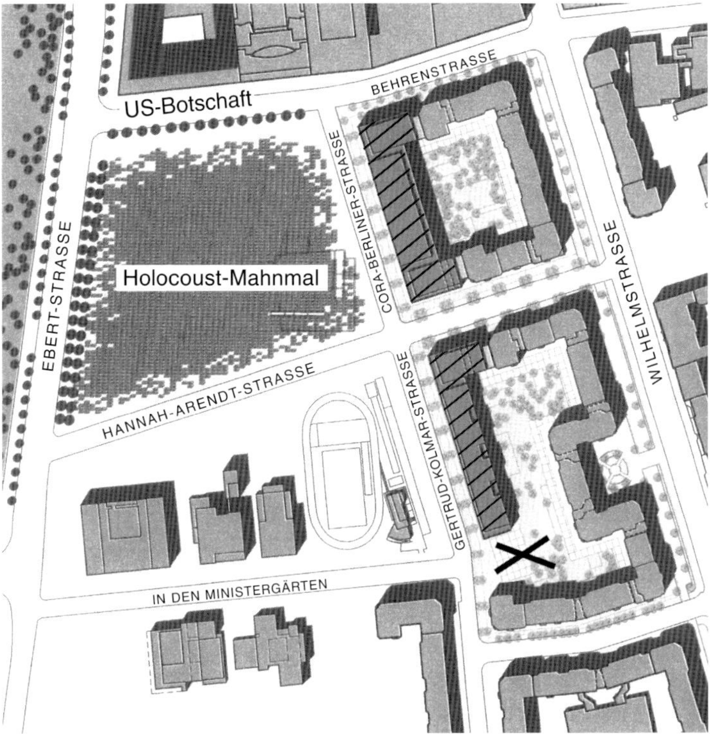

So sollen die nördlichen Ministergärten im Jahr 2006 aussehen. Zu erkennen sind die beiden Neubaublocks (schraffiert), die DDR-Altbauten und die Stelle, an der die Reste des Hauptbunkers im Boden liegen (Kreuz).

Auf das Holocaust-Mahnmal wird man in einigen Jahren auch aus den Südfenstern der neuen amerikanischen Botschaft schauen können. Über die Bebauung der restlichen Grundstücke der Ministergärten ist noch nicht abschließend entschieden; noch immer gibt es ungeklärte Eigentumsverhältnisse – und eben die historische Kontamination. Über die Verbrechen des Dritten Reiches wird man sich sicherlich nicht vor 2007[12] in der Ausstellung Topographie des Terrors auf dem ehemaligen Gestapo-Gelände genau südlich informieren können; vielleicht sehen die zuständigen Historiker für ihr viel zu großes Ausstellungshaus sogar ein Kapitel über die Ministergärten und den darunter verborgenen Führerbunker vor.[13] Gegenwärtig allerdings ist nichts Derartiges geplant. Im Südosten zeigt das Berliner

Abgeordnetenhaus im ehemaligen Preußischen Landtag schon heute regelmäßig kleine Ausstellungen zur Geschichte; einige hundert Meter weiter östlich präsentiert der Bundestag im Deutschen Dom die offizielle Schau zur Geschichte des Parlamentarismus, nördlich wird die Akademie der Künste ein nennenswertes Archiv bewahren und Teile davon präsentieren. Die im Boden verborgenen Reste des Führerbunkers werden also in einigen Jahren umgeben sein von Gedenkorten und zeitgeschichtlichen Ausstellungen. Nur die Stätte selbst scheint bis auf weiteres ein historischer Unort bleiben zu sollen.

Der Bau

Luftschutz

»Jede deutsche Stadt ist für Bombenflieger erreichbar. Unsere wichtigsten Industrien liegen im nahen Wirkungsbereich fremder Fliegerkampfkräfte. Der Luftschutz ist daher zu einer Lebensfrage für unser Volk geworden. Er verlangt einen jahrelangen zielbewußten Aufbau unter fachmännischer Leitung und straffer Führung.«[1] Mit Pathos beschwor Hermann Göring in einem offiziellen Aufruf die Gefahren eines künftigen Krieges aus der Luft. Bemerkenswert ist weniger der Inhalt und mehr der Zeitpunkt dieser Bekanntmachung: Der zweite Mann der NSDAP, im Weltkrieg 1914-1918 hochdekorierter Jagdflieger, unter Adolf Hitler gleichzeitig Reichstagspräsident, Reichsminister für Luftfahrt und preußischer Ministerpräsident, ließ diese Sätze am 29. April 1933 veröffentlichen. Keine zwölf Wochen nach der Machtübertragung an Hitler und noch mitten im mehrmonatigen Prozeß der Machteroberung war Göring sich schon bewußt, daß der kommende Krieg nicht allein an den Fronten geschlagen werden, sondern ebenso die Städte im Hinterland der Kriegsparteien zum Schlachtfeld machen würde. So rief er mit seiner Proklamation den Reichsluftschutzbund e.V. ins Leben, um »das deutsche Volk von der lebenswichtigen Bedeutung des Luftschutzes [zu] überzeugen und zur tätigen Mitarbeit [zu] gewinnen.« Ein Zeitgenosse, Walter Tausk, notierte wenig später über seine ersten Erfahrungen damit in sein Tagebuch: »Die ›nationale Revolution‹ hatte uns auch einen freiwilligen Luftschutz beschert, der sehr bald in einen Reichsluftschutzbund umgewandelt wurde. [...] Sofort wurde eine streng geschäftsmäßig aufgezogene Reklame und Propaganda gemacht für Gasmasken, gassichere Keller, Wegschaffung von Bodengerümpel, Bereitstellung von Brand- und Gasbekämpfungsmitteln usw. Hier wurde eine reine Geschäftssache aufgezogen; einige Industrien wollten verdienen. Es wurde also im Laufe der letzten Wochen eine wahre Kriegspsychose eingeleitet unter der Devise: ›Polen plant einen überraschenden Luftangriff auf Breslau‹ (das ihnen im Ernstfall unbeschädigt viel lieber ist!) und: ›Wir müssen eine Luftwaffe haben und das auf der Abrüstungskonferenz durchdrücken‹.«[2]

Schon 1933 begann eine intensive Vorbereitung der deutschen Bevölkerung auf den kommenden Luftkrieg. Titelblatt einer Fachzeitschrift vom September 1933.

Seiner Proklamation ließ Göring bald Taten folgen: Die erste gesetzliche Regelung, die den Luftschutz ausdrücklich zum Kriterium für staatliches Handeln machte, trat am 22. September 1933 in Kraft.[3] Am 26. Juni 1935 wurde das Luftschutzgesetz erlassen, zwei Jahre später bestimmte die II. Durchführungsverordnung zu diesem Gesetz, daß unter allen Neubauten Luftschutzräume anzulegen seien.[4] Selbstverständlich wurden die ersten Repräsentationsbauten des neuen Regimes mit Schutzräumen ausgestattet. Den ersten Bunker Berlins überhaupt erhielt das 1935/36 errichtete Reichsluftfahrtministerium Wilhelmstraße Ecke Leipziger Straße, eine Anlage für mehrere hundert Personen.[5] Mit einer Deckenstärke von 80 Zentimetern war dieser Bau allerdings kaum geeignet, einen schweren Bombenangriff zu überstehen. Daß der erste eigens angelegte Luftschutzraum des Dritten Reiches so schwach ausgelegt war, ist sehr verwunderlich – um so mehr, weil schon beim nächsten Bunkerbau der NS-Regierung, dem beinahe gleichzeitig begonnenen Luftschutzkeller des Reichskanzler-Palais, ganz andere Dimensionen verwirklicht wurden.

Hitlers erster Bunker

Den Repräsentationsbedürfnissen des NSDAP-Chefs genügten weder das Reichskanzler-Palais in der Wilhelmstraße 77 noch der 1928 bis 1930 angebaute Trakt in der Wilhelmstraße 78, der sogenannnte Siedler-Bau. Das im Neubau gelegene Büro des Reichskanzlers sei die »reinste Zigarrenkiste, so eine würdelose Empfangsstätte«, soll der eben ernannte Reichskanzler schon am Abend des 30. Januar 1933 geäußert haben.[6] Ihn störte unter anderem die Lage seines Arbeitszimmers hin zum lebhaften Wilhelmplatz, wo sich regelmäßig Menschenmengen versammelten und in Sprechchören den Führer zu sehen verlangten, sowie dessen Größe: »Mit 60 Quadratmetern ist es gerade für einen meiner Mitarbeiter ausreichend«, soll Hitler im Frühjahr 1933 befunden haben.[7] Noch weniger mochte er offenbar den Stil des Gebäudes im Geiste des Neuen Bauens. Doch weil im älteren Teil, einem Barock-Palais, im ersten Halbjahr 1933 der Reichspräsident Paul von Hindenburg residierte, dessen eigener Amtssitz in der Wilhelmstraße 73 renoviert wurde, mußte Hitler die Umbauten zurückstellen. Im Herbst desselben Jahres begann dann sein Lieblingsbaumeister Paul Ludwig Troost mit der Neugestaltung. Als Bauleiter wurde der junge Berliner Architekt Albert Speer engagiert, der sich mit raschen Umbauten unter anderem für Joseph Goebbels einen Namen als Organisationstalent gemacht hatte. Der Münchener Troost hatte für Hitler schon 1930 den Umbau der NSDAP-Parteizentrale geleitet, des »Braunen Hauses« in München, und begann nach der Machtübernahme umgehend mit mehreren weiteren Großprojekten in der sogenannten Hauptstadt der Bewegung, unter anderem dem »Haus der deutschen Kunst« und zwei großen Bürogebäuden am Königsplatz.[8] Möglicherweise war schon in seinen Plänen von 1933 eine Erweiterung des Reichskanzler-Palais in den Garten hinter dem Auswärtigen Amt vorgesehen. Die einzelnen Ministeriumsgärten waren für ihre Längen zwischen 140 und 180 Meter mit 40 bis 60 Meter Breite eher schmal. Der Garten des dritten und südlichsten Gebäudes des Auswärtigen Amtes sollte dem Reichskanzler-Palais zugeschlagen werden und dort ein neuer, repräsentativer Saalbau entstehen. Nach der Erinnerung von Gerdy Troost, der Witwe des Architekten, spielte Hitler sogar mit dem Gedanken, hinter dem Palais ein neues, großes Amtsgebäude bauen zu lassen, gab sich dann aber vorerst mit dem großzügigen Umbau des alten Palais und dem Anbau eines neuen Festssaals zufrieden.[9] Am Entwurf dieses Ergänzungsbaus war Paul Ludwig Troost selbst nicht mehr beteiligt: Er starb am 21. Januar 1934 an den Folgen eines Schlaganfalls. Die Witwe und Troosts Mitarbeiter Leonhard Gall führten seine Projekte in München und Berlin gemeinsam fort.

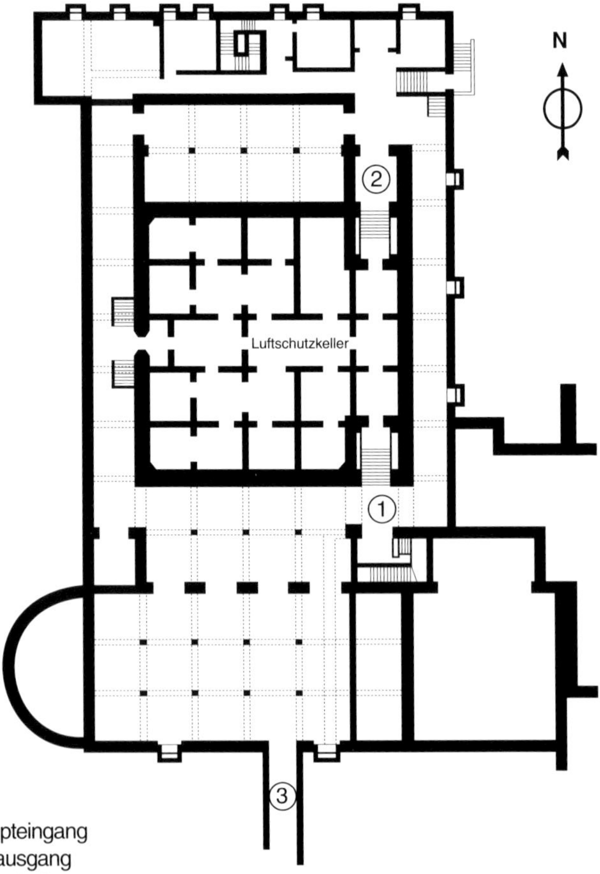

1 Haupteingang
2 Notausgang
3 Wirtschaftsgang

Kellergeschoß des Festsaals im Garten hinter dem damaligen Haus Wilhelmstraße 76. Inmitten dieses 1935/36 errichteten Anbaus lag Hitlers erster Luftschutzraum.

Am 21. Juli 1935 unterzeichnete Gall den Entwurf für einen neuen Festsaal im Garten des Grundstücks Wilhelmstraße 76, der am 29. Juli baupolizeilich genehmigt und umgehend begonnen wurde.[10] Seine Pläne zeigten im Erdgeschoß einen ganz gewöhnlichen Festsaal ohne besondere Ausstattung.

Ganz anders das Kellergeschoß.[11] Es sah unter dem Empfangssaal, umgeben von gewöhnlichen Kellerräumen und noch einmal um etwa anderthalb Meter abgesenkt, einen großen Bunker vor. (Er wird im folgenden der Unterscheidbarkeit wegen stets als Luftschutzkeller der Reichskanzlei oder als Vorbunker bezeichnet, der spätere, 1943 begonnene Anbau im Garten vor dem Festsaal als Hauptbunker. Gemeinsam bildeten diese beiden Anlagen den Führerbunker.)

Die Baupläne wiesen für den Bunker bei Wandstärken von 1,20 Meter eine Innenlänge von 15,50 Meter, eine Innenbreite von 18,50 Meter und eine Innenhöhe von 3,08 Meter auf. Wände von 40 Zentimeter Stärke in Ost-West- und von 50 Zentimeter in Nord-Südrichtung teilten die Luftschutzanlage in insgesamt 19 Räume auf, inklusive eines Durchgangszimmers von 12 mal 3,60 Meter. Es war der mit Abstand größte Raum in der Bunkeranlage. Beiderseits dieses Gangs gab es in den westlichen zwei Dritteln jeweils sechs kleine Zimmer von einer Größe von jeweils rund zehn Quadratmetern. Die nächsten beiden Räume Richtung Osten waren im Norden der Maschinen- und Luftfilterraum sowie im Süden die Küche sowie die Toiletten. Ein Badezimmer war in diesem Luftschutzkeller nicht vorgesehen. Das Durchgangszimmer schloß im Osten mit zwei massiven, annähernd 1,50 Meter im Quadrat messenden Betonstützen, zwischen denen die stählerne Schleusentür zu den Eingangsräumen montiert war.[12] Diese Vorräume lagen auf demselben Niveau, nämlich knapp sechs Meter unter dem Boden des Festsaals, und waren durch schwere Türen mit den umliegenden Kellerräumen verbunden.[13] Auf der anderen Seite, an der westlichen Außenwand, befand sich ein weiterer Ausgang mit zwei Treppen. Die Decke war schon in den Bauplänen mit einer Stärke von 1,60 Meter angegeben – und damit glatt doppelt so stark wie beim ersten Bunker des Dritten Reiches unter dem Reichsluftfahrtministerium, der beinahe gleichzeitig entstand. Einen großen Teil der Dachlast des Festsaals trugen die darunterliegenden Bunkerwände; für die Planung des oberirdischen Saals waren also offenbar die gewünschten Maße des Schutzraumes bestimmend. Das spricht dafür, daß das vorrangige Interesse Hitlers weniger dem Festsaal galt als vielmehr dem Luftschutzkeller. Anfang 1936 war der Anbau mit seinem geheimen Innenleben fertiggestellt.

In für das Finanzgebaren des Dritten Reiches typischer Weise wurden die Kosten für den Festsaal und den darunterliegenden Bunker aufgeteilt: »Soweit es sich um den Saalbau handelt, werden Mittel des Reiches nicht in Anspruch genommen. Dagegen sollen die durch die Anlage des Luftschutzkellers entstandenen Kosten auf Anordnung des Führers und Reichskanzlers aus Reichsmitteln bestritten werden«, schrieb der Chef der Reichskanzlei, Hans-Heinrich Lammers, am 7. Mai 1936 an die Reichsbaudirektion.[14] In Wirklichkeit allerdings wurde auch der Saal nicht aus privaten Mitteln Hitlers bezahlt, das Geld für den alles in allem rund 1,4 Millionen Reichsmark teuren Umbau floß aus dem »Kulturfonds« des Regierungs-Chefs, einer offiziellen »schwarzen Kasse«, die der Überprüfung durch den Rechnungshof nicht unterlag. Die Größenordnung des Projekts kann man daran ablesen, daß allein der Bunker 250.000 Reichsmark kostete.[15]

Der Festsaalanbau des Reichskanzler-Palais (errichtet 1935/36), wahrscheinlich kurz nach Fertigstellung. Darunter lag Hitlers erster Luftschutzkeller.

Nun hatte die Reichskanzlei also einen eigenen Luftschutzraum – aber wer durfte ihn nutzen? Immerhin war der Bunker (der übrigens offiziell noch nicht so hieß; das Wort setzte sich erst im Herbst 1940 in der Amtssprache des Dritten Reiches durch[16]) nach den gültigen Luftschutzrichtlinien groß genug für mindestens 200 Personen; vorgesehen waren bei nicht künstlich belüfteten Schutzräumen drei Kubikmeter pro Person, bei künstlich belüfteten wie diesem ein Minimalvolumen von zwei Kubikmetern.[17] Als für die dritte Septemberwoche 1937 eine offizielle Luftschutzübung im Regierungsviertel angesetzt wurde, hatten die Beamten der Reichskanzlei plötzlich ein Problem: War für sie Platz im Luftschutzkeller unter dem Festsaal?

»Der Herr Reichsminister für Luftfahrt hat alle beteiligten Dienststellen und Behörden, insbesondere die Reichsdienststellen, gebeten, sich an den zivilen Luftschutzübungen im Rahmen des zur Zeit Möglichen vorbildlich zu beteiligen. Um auch in der Reichskanzlei die notwendigen Vorbereitungen treffen zu können, bedarf es der Klärung der Frage, ob der Schutzraum unter dem Saalbau Wilhelmstraße 77 auch für die Angehörigen der Reichskanzlei zur Verfügung steht oder ob er nur für den Führer und Reichskanzler und seine nähere Umgebung bestimmt ist. Herrn Staatssekretär mit der Bitte gehorsamst vorgelegt, die Entscheidung des Führers und Reichskanzlers in dieser Frage herbeiführen zu wollen«, heißt es in der Aktennotiz eines näher nicht bekannten Mitarbeiters vom 21. August 1937. Drei Wochen dauerte die Entscheidungsfindung. Dann legte am 11. September ein weiterer nicht näher bekannter Beamter in einer weiteren Aktennotiz fest: »Zur einwandfreien Durchführung der Maßnahmen ist eine interne besondere Anordnung für die drei Dienstgebäude der Reichskanzlei Wilhelmstraße 77, Wilhelmstraße 78 und Voßstraße 1 erforderlich. Der Entwurf einer solchen Anordnung liegt bei. In der Anordnung ist vorgesehen, daß bei Fliegeralarm, der auch nachts eintreten kann, die Gefolgschaftsmitglieder und Hausbewohner von Wilhelmstraße 78 und Voßstraße 1 sich in die Ersatzschutzräume im Gebäude Wilhelmstraße 78 und Voßstraße 1 begeben, während die Bewohner des Reichskanzlerhauses Wilhelmstraße 77 den Schutzraum unter dem Saalbau aufsuchen.«[18]

Verschämter konnte man es kaum ausdrücken. Der Luftschutzraum unter dem Festsaal war nur für »die Bewohner des Reichskanzlerhauses« bestimmt. Dort aber wohnte, außer einigen wenigen

Wachen, Dienern und Ordonnanzen, ausschließlich eine Person: Adolf Hitler. Eine 1,60 Meter dicke Decke aus Stahlbeton, perfekt getarnt unter einem unverdächtigen Erweiterungsbau der Regierungszentrale: der erste Führerbunker. Wie oft ihn der Mann, für den er gebaut wurde, aufsuchte, ist nicht bekannt; in der umfangreichen Memoirenliteratur von Hitlers Umgebung finden sich keine Beschreibungen von Aufenthalten in diesem Luftschutzkeller. Das kann damit zu tun haben, daß er in den ersten Kriegsjahren tatsächlich relativ selten aufgesucht wurde. Während der ersten britischen Luftoffensive gegen Berlin von August bis Dezember 1940 hielt sich Hitler allerdings längere Zeit in Berlin auf, so daß wahrscheinlich ist, daß er den Bunker tatsächlich nutzte. Vielleicht haben die bei weitem dramatischeren Ereignisse des Frühjahrs 1945 alle früheren Erinnerungen überlagert.

Die Bunker unter der Neuen Reichskanzlei

Der Luftschutzkeller unter dem Festsaal des Reichskanzler-Palais war nur der erste von verschiedenen Bunkern auf dem Gelände der Ministergärten. Zwei wesentlich größere Schutzräume wurden schon knapp zwei Jahre später, Anfang 1938, errichtet, als Albert Speer die Neue Reichskanzlei bauen ließ. Sein Bauleiter Carl Piepenburg begann mit den Arbeiten für diese Bunker nach freihändigen Skizzen[19]; unter dem Mitteltrakt mit Hitlers Arbeitszimmer und unter dem neuen Eingangsbau in der Voßstraße wurde je eine große Anlage in die Fundamente eingebaut.

Der größere der beiden Bunker entstand direkt unter Hitlers »Bürohalle«.[20] Der unterirdische Bau umfaßte auf einer Innenlänge von 106 Meter und einer Breite von 29 Meter 53 Räume und war mittels hydraulisch zu öffnender Betonplatten mit dem Bürgersteig der Voßstraße verbunden. Auch einen für Laster geeigneten Autoaufzug gab es. Der Bunkerboden lag bei einer Deckenstärke von 1,70 Meter sechs Meter unter der Erde. Dieser Luftschutzkeller sollte einerseits als öffentlicher Schutzraum dienen, andererseits das Personal der Reichskanzlei aufnehmen, wie ein Aktenvermerk vom 11. März 1939 feststellte. Bei Kriegsbeginn wurde der Große Bunker unter der Neuen Reichskanzlei offiziell für die schutzsuchende Öffentlichkeit freigegeben und ab 1940 tatsächlich als »Mutter-Kind-Bunker« genutzt, in dem Frauen mit Kleinkindern unabhängig von Luftalarmen sichere, wenn auch nicht unbedingt bequeme Nächte verbringen konnten. Dort schlug 1945 auch SS-Brigadeführer Wilhelm Mohnke, der letzte Kampfkommandant der Reichskanzlei, sein Hauptquartier auf.

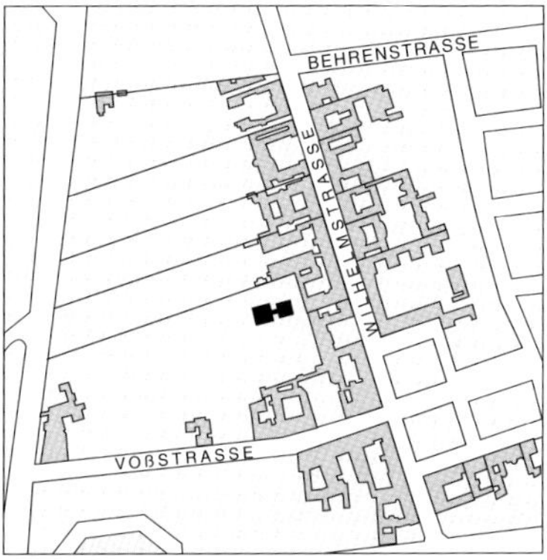

Das Berliner Regierungsviertel 1930. Schwarz eingezeichnet die spätere Lage des Führerbunkers.

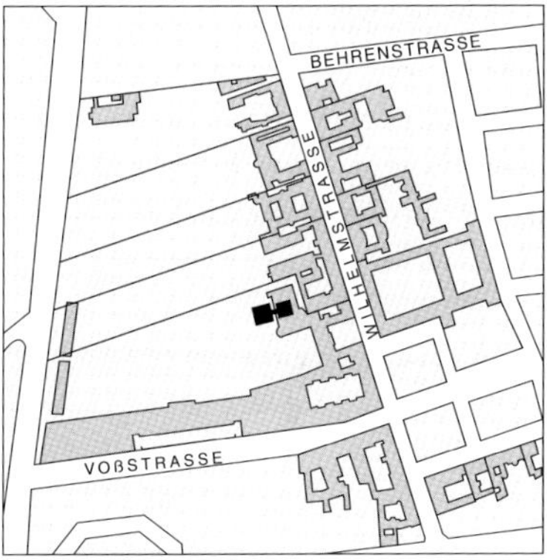

Das Regierungsviertel 1943. Zu erkennen sind die gewaltige Neue Reichskanzlei entlang der Voßstraße und der Festsaal hinter dem Reichskanzler-Palais mit dem Vorbunker und dem damals gerade im Bau befindlichen Hauptbunker im Garten (schwarz markiert).

Neben diesem großen Luftschutzkeller unter der Neuen Reichskanzlei gab es auch noch den sogenannten Kleinen Bunker, der ebenfalls 1938 angelegt wurde; und zwar unter dem östlichsten Bauteil des Neubaus, dem Block C, der direkt am Borsig-Palais an der Ecke Voßstraße/Wilhelmstraße anschloß. Dieser mit Innenmaßen von 20 mal 60 Metern[21] keineswegs kleine Bunker mit 26 Räumen lag südlich des Ehrenhofs (und nicht nördlich davon, teilweise unter dem Speise- und dem Mosaiksaal der Neuen Reichskanzlei, wie auf den meisten Grafiken der unterirdischen Anlagen der Regierungszentrale fälschlich dargestellt).[22] In diesem Bunker fanden im Frühjahr 1945 der Stab der Reichskanzlei und das engere Umfeld Hitlers unter 1,70 Meter starkem Stahlbeton ein sicheres Quartier. In zahlreichen Tresoren in diesem Bunker wurden Unterlagen verwahrt.[23] Über die Kelleranlagen der Neuen Reichskanzlei waren der Große und der Kleine Bunker miteinander verbunden; wie auch der alte Luftschutzkeller unter dem Festsaal hinter dem Reichskanzler-Palais waren sie umschlossen von weiteren unterirdischen, aber nicht besonders geschützten Räumen.

Weitere Bunker in den Ministergärten

Auf dem bis dahin nicht bebauten Gelände der Ministergärten wurden während des Zweiten Weltkriegs noch einige weitere Bunker errichtet. Das Auswärtige Amt zum Beispiel baute eine kleine Anlage nur wenige Dutzend Meter vom Führerbunker im Innenhof des Gebäudes Wilhelmstraße 76. Sie umfaßte sieben Räume und einen Tresorraum, war sieben Meter breit und etwa 13 Meter lang. Ein weiterer kleiner Bunker des Außenministeriums entstand auf dem Grundstück Wilhelmstraße 75. Auch hinter dem ehemaligen Reichspräsidenten-Palais wurde Jahrzehnte später eine 1939/40 errichtete Anlage aus zwei Bunkerräumen gefunden.[24] Einen weiteren, heute noch vorhandenen Bunker gab es am Nordrand der Ministergärten, in der Nähe der Dienstvilla des Propagandaministers Joseph Goebbels. Dieser Privatbunker ist nur bis Herbst 1943 benutzt worden; im April 1945 diente er als Befehlsstand der SS-Division Nordland. Dieser Bunker wurde im Zusammenhang mit der Planierung des Geländes für die Errichtung des Holocaust-Mahnmals verschlossen und wird demnächst schon von vielen Dutzend Betonstelen begraben sein. Aus baurechtlichen Gründen wird das Landesdenkmalamt in längeren Abständen Kontrollen in diesem Bunker durchführen – unterirdische Anlagen müssen regelmäßig überprüft werden, wenn sie zugänglich sind.[25]

Neben diesen Bunkern gab es auf dem Gelände der Ministergärten noch den sogenannten Fahrerbunker. Er wurde im Winter 1943/44, auf dem Höhepunkt der »Luftschlacht um Berlin«, in die großen Tiefgaragen der Fahrbereitschaft der Reichskanzlei eingebaut. [26] Dieser eher kleine Bunker, 1990 überraschend wiederentdeckt, ist vor allem für die naiven, von nationalsozialistischer Männlichkeits- und Kriegsideologie geprägten Wandmalereien bekannt geworden.

In vielen Erinnerungen von Zeitzeugen und auf vielen Grafiken der unterirdischen Anlagen tauchen eine Reihe weitere Bunker auf dem Gelände der Ministergärten auf. [27] Oft ist zum Beispiel die Rede von einem »Bunker für ziviles Personal« im Garten, etwas nördlich des großen Brunnenbeckens, sowie von Bunkeranlagen unter dem gesamten Riesenbau Albert Speers. Bei ersterem handelt es sich um eine freie Erfindung, bei letzteren um die tatsächlich vorhandenen Kellerräume der Neuen Reichskanzlei, die zur Voßstraße hin, wie üblich in Berlin, kleine Fenster hatte und die zum tiefer gelegenen Garten hin sogar ebenerdig waren. Von insgesamt 46 verschiedenen Augenzeugen angeblich bekannten Bunkeranlagen auf dem Gelände zwischen Unter den Linden und Voßstraße jedenfalls konnten nur 17 gefunden werden, die sich zum Teil allerdings als ganz normale Keller erwiesen.[28]

Der Hauptbunker

Am 16. und 17. Januar 1943 griff die Royal Air Force zum ersten Mal nach Monaten wieder die Reichshauptstadt an.[29] Die beiden Attacken waren mit jeweils etwas mehr als hundert Flugzeugen klein im Vergleich zu den Bombardements, die im Jahr zuvor Städte wie Köln, Lübeck, Rostock oder Emden getroffen hatten; sie waren beinahe harmlos im Vergleich zu dem Verderben, das in den folgenden zweieinhalb Jahren aus alliierten Bombenschächten auf Deutschlands Städte herabfallen sollte.[30] Aber diese beiden Angriffe machten allem Anschein nach großen Eindruck auf Adolf Hitler. Schon bei der nächsten turnusmäßigen Konferenz mit seinem Rüstungsminister Albert Speer im Hauptquartier Wolfsschanze in Ostpreußen, die am 18. Januar 1943 stattfand, ordnete er ausdrücklich an: »Da der Luftschutzbunker in der Reichskanzlei nur eine Deckenstärke von 1,6 Meter hat, ist im Garten sofort ein Bunker nach den neuen Abmessungen (3,5 Meter Decke, 3,5 bis 4 Meter Seiten), aber mit denselben inwendigen Abmessungen wie der jetzt vorhandene Führerbunker zu bauen. Piepenburg soll die Bauleitung übernehmen.«[31] So die Zusammenfassung des Befehls durch Speer. Schon drei Wochen später konnte der Minister Vollzug melden; bei der Sitzung in der Nacht vom 6. auf den 7. Februar legte er die Pläne für den neuen Bunker vor, die Hitler mit geringfügigen Modifikationen genehmigte. So sollten vor allem zusätzliche Stahlträger in voller Länge die Innenbreite des Bunkers überspannen und damit für eventuelle Volltreffer die Belastbarkeit der ohnehin großzügig dimensionierten Innenwände weiter erhöhen. Außerdem ordnete Hitler an, daß weitere Luftschutzräume in der Reichskanzlei verstärkt werden sollten – »unter Verzicht auf Höhe und Nutzfläche«. Tatsächlich wurde daraufhin die Decke des alten Luftschutzkellers auf Kosten des Festsaalbodens verstärkt; zuerst wurde eine Schicht Eisenbahnschienen daraufgelegt und einbetoniert, darüber kam eine weitere Stahlbetonschicht, so daß der wichtigste Teil des 1935/36 errichteten Bunkers schließlich ziemlich genau zwei Meter stark war.[32]

Überlegungen zu einem neuen, deutlich stärkeren Bunker in der Reichskanzlei hatte es augenscheinlich schon 1942 gegeben, doch haben sich exakte Angaben darüber nicht erhalten. Offensichtlich gab es im Januar 1943 keine Beratungen über Ort und Bauart des neu zu errichtenden Bunkers; klar war, daß im Garten hinter dem Festsaal des Reichskanzler-Palais, also auf dem Grundstück Wilhelmstraße 76, gebaut und daß der alte Luftschutzkeller als Vorbunker einbezogen werden sollte. Sehr schnell wurde die Bauvorbereitungsphase abgewickelt; schon im April 1943 gab Bauleiter Piepenburg die ersten Bestellungen für rationiertes Baumaterial zur Lieferung an »Hochtief A.G., Baustelle Reichskanzlei, Hermann-Göring-Straße« auf. Zahlreiche formlose Bestellzettel aus den folgenden knapp zwei Jahren haben sich in den Akten der Reichskanzlei erhalten; sie erlauben einen genauen Überblick über die Tausenden Tonnen vor allem an Stahl, Zement, Sand und Kiesel, die Piepenburg von zahlreichen Arbeitern der Organisation Todt im Garten versenken ließ.[33]

Originale Baupläne des Führerbunkers sind bisher nicht aufgetaucht; weder in den Bauakten der Reichskanzlei, in denen sogar einzelne Materialbestellungen abgeheftet wurden und erhalten blieben, noch im Archiv des beauftragten Bauunternehmens Hochtief.[34] Viel spricht dafür, daß ordnungsgemäße Risse nie erstellt wurden.[35] Jedenfalls vermerkt eine Aktennotiz der Abteilung VII des Reichsfinanzministeriums vom 5. Juni 1944: »Der Kostenanschlag (ohne Zeichnungen und Einzelberechnungen) konnte infolge der Kriegsverhältnisse von der Bauleitung nicht rechtzeitig [vor Baubeginn, d. Verf.] fertiggestellt werden. Einsender ist der Auffassung, daß von der nachträglichen Anfertigung bzw. Beibringung von Zeichnungen, Einzelberechnungen usw. nach Lage der Sache abgesehen werden kann. Der Kostenanschlag scheint nach den Preisen der Verdingungen und den Abrechnungen aufgestellt zu sein.«[36]

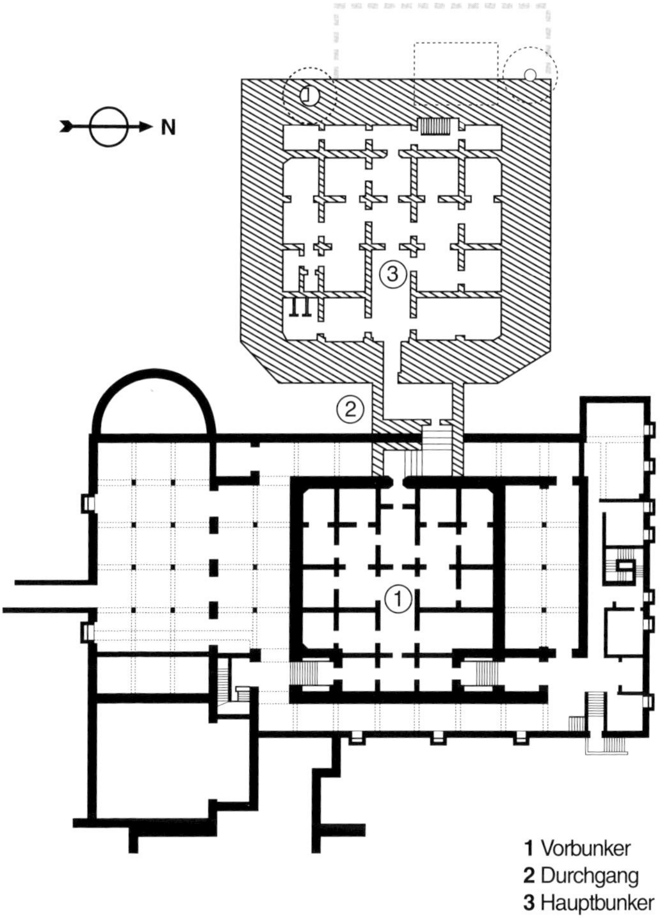

Plan der Gesamtanlage des Führerbunkers unter dem Festsaalanbau sowie westlich davon. Der alte Luftschutzkeller wurde durch den Anbau des tiefer gelegenen Hauptbunkers 1943/44 zum Vorbunker.

Da Piepenburg schon vor dem Krieg die beiden Luftschutzkeller im Fundament der Neuen Reichskanzlei nach Handzeichnungen beginnen ließ, ist ohne weiteres vorstellbar, daß er auch den neuen Hauptbunker nach den vorhandenen und lediglich modifizierten Plänen für den Luftschutzkeller unter dem Festsaal ausführte. Andernfalls hätte er seine Entwürfe für den Neubau wahrscheinlich zur Abrechnung eingereicht. Weil keine Bauzeichnungen vorhanden sind, ist man bei der Beschreibung des Führerbunkers neben Schätzungen der allerdings oft unzuverlässigen Augenzeugen vor allem auf die Untersuchungen angewiesen, die Anfang der siebziger Jahre im Auftrag der DDR-Ministeriums für Staatssicherheit vorgenommen wurden, und auf die Messungen, die der Berliner Grafiker Erhard Schreier 1988 während des Teilabrisses der Bunkeranlagen aufnahm.[37]

Der neue Bunker wurde genau westlich des alten Luftschutzkellers unter dem Festsaal im Garten des südlichsten der drei Gebäude des Auswärtigen Amtes in der Wilhelmstraße errichtet. Um die Arbeit zu beschleunigen, hob man einfach die nie zuvor bebaute Fläche vor der Westfassade des Festsaals aus; der Abstand zwischen dem alten Luftschutzkeller und dem Hauptbunker wurde für eine massive Treppe genutzt. Der neue Bauteil wurde deutlich tiefer gelegt als der alte; die Sohle lag 8,50 Meter unter Bodenniveau und damit rund zweieinhalb Meter unter der Sohle des alten Luftschutzkellers. Eine dreifach um 90 Grad gewinkelte Treppenanlage führte mit rund zehn geraden Stufen[38] vom alten zum neuen Bunker; die auf den meisten Grafiken[39] des Führerbunkers dargestellte (runde) Wendeltreppe hat nie existiert. Allerdings ist leicht nachzuvollziehen, daß Augenzeugen angesichts der Bedrängtheit in diesem gerade 2,35 Meter breiten, aber 2,80 Meter hohen Abgang den Eindruck gewinnen konnten, sich auf einer Wendeltreppe zu befinden – zumal man beim Abwärtsgehen tatsächlich zweimal nach links und zweimal nach rechts wenden mußte. Am Eingang der Treppenanlage wie an ihrem Übergang in den neuen Bunker waren massive, gassichere Stahltüren installiert; Schießscharten oder derlei waren nicht vorgesehen.

Die Innenbreite des neuen Bunkers betrug knapp 20 Meter, die Innenlänge 15,60 Meter. Bei Wandstärken von vier Metern[40] ergibt sich ein ungefähres Außenmaß einschließlich des Ausgangs in den Garten von etwa 28 Meter Länge und 26,50 Meter Breite.[41]

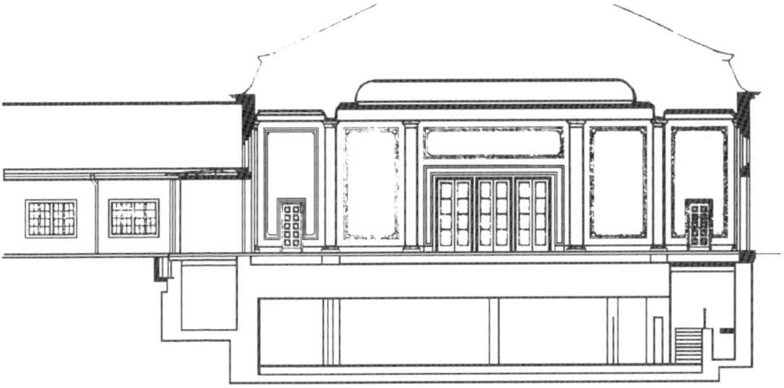

Schnitt durch den Festsaal mit dem darunterliegenden Luftschutzkeller (Montage). Rechts schloß sich ab 1943 der tieferliegende Hauptbunker an.

Die nutzbare Fläche war jedoch geringer, als diese Maße erwarten lassen. Denn alle Innenwände waren 50 Zentimeter stark, um die Decke bei direkten Treffern von überschweren Bomben zu stützen. Tatsächlich gelang es 1944/45 alliierten Fliegerstaffeln, mit speziellen Sprengkörpern U-Boot-Bunker an der französischen Atlantikküste und in Norddeutschland zu beschädigen, die sechs bis sieben Meter starke Decken hatten.[42] Diese Bunker hatten allerdings, weil sie eine offene Wasserfläche von mindestens 10, oft fast 20 Metern Breite überspannen mußten, keine dicht beieinanderstehenden Zwischenwände, sondern nur stützende Stahlträger. Für den Hauptbunker im Garten der Reichskanzlei wollte man trotzdem ganz sicher gehen: Zusätzlich zu den ohnehin vorgesehenen massiven Innenwänden wurden über die gesamte Breite 20 Meter lange und 20 Zentimeter hohe Stahlträger eingezogen. Sie lagerten auf 25 Zentimeter tief in die Bunkerwände eingelassenen Konsolen. Für die Innenwände müssen geschätzt insgesamt 35 Quadratmeter von der Bruttofläche abgezogen werden, für die Maschinen- und Luftfilteranlage zusätzlich etwa 20 Quadratmeter. Damit bleibt eine nutzbare Fläche von knapp 250 Quadratmetern, auf denen fast 20 Räume untergebracht waren. Großzügig war der Bunker also kaum, wenn er auch den einzelnen Insassen bei weitem mehr Platz bot als jeder andere Berliner Luftschutzraum. Die Innenhöhe betrug 3,05 Meter und machte damit kaum ein Drittel der gesamten Bauhöhe aus. Die Bodenplatte maß wahrscheinlich 2,50 Meter, die Decke dagegen bestand aus

3,80 Meter Stahlbeton und der Zusatzdecke aus Stahlträgern von rund 20 Zentimetern Stärke.[43]

Zu den am häufigsten falsch gedeuteten Bauteilen des Führerbunkers gehört sein bekanntester Teil oberhalb der Erde, der zylindrische und mit einem kegelförmigen Dach versehene Betonturm. Häufig wird diese Konstruktion als Notausgang oder als Beobachtungsturm bezeichnet. Ersteres wäre schon deshalb sinnlos, weil wenige Meter von der eigentlichen Gartenpforte ein zusätzlicher Ausgang wenig Nutzen gehabt hätte. Allerdings gab es tatsächlich eine enge Stiege[44] in dem Turm, die im Wachlokal des Reichssicherheitsdienstes, Hitlers persönlicher Leibgarde, endete; handelte es sich also um einen Beobachtungsturm? Das wäre möglich, erscheint aber angesichts der sonstigen Einrichtung des Führerbunkers nicht zwingend; handelte es sich doch um eine Luftschutzanlage und nicht um eine Festung, die gegen anrückende feindliche Soldaten zu verteidigen war. Nach Ermittlungen einer der vielen sowjetischen Untersuchungskommissionen war die Stiege lediglich mit einer kleinen Luke an der Ostseite des Turms 1,60 Meter über der Erde verbunden, nicht aber mit den Abluftöffnungen, die oft fälschlich als Schießscharten bezeichnet werden. Da der Betonturm bereits 1947 gesprengt wurde, wird sich die genaue Konstruktion kaum mehr klären lassen.[45]

Der Hauptbunker der Reichskanzlei war trotz seiner imponierenden Maße weder der stärkste noch der größte im Dritten Reich errichtete Schutzbau. Bis zu sieben Meter dick[46] war die Decke des mehrfach verstärkten Hitler-Bunkers im Führerhauptquartier Wolfsschanze; selbst im nur für einen Tag genutzten Führerhauptquartier Wolfsschlucht 2 im französischen Margival sollten 3,50 Meter Beton den Diktator schützen.[47] Zwei Startanlagen für die Vergeltungswaffe V 2 in Eperleques und in Wizernes hatten Deckenstärken von vier und 5,80 Meter.[48] Die gewaltigsten U-Boot-Bunker sollten durch mehr als sieben Meter Beton und nach einer persönlichen Idee Hitlers zusätzlich mit Schotter gefüllte Kammern zwischen den beiden Decken absoluten Schutz gegen überschwere Bunkerknackerbomben bieten.[49] Sie waren zusammen mit den bis zu 50 Meter hohen Flaktürmen in Berlin, Wien und Hamburg[50] die mächtigsten Betonbauwerke, die im Machtbereich des Großdeutschen Reiches gebaut wurden. Für die drei ab Herbst 1940 errichteten Gefechtstürme in Berlin, im Tiergarten, im Friedrichs- und im Humboldthain, wurden jeweils über 100.000 Kubikmeter Betongrundstoffe und 10.000 Tonnen Stahl verbraucht; der Stückpreis lag bei rund 40 Millionen Reichsmark. Dabei sind die jeweils zusätzlich nötigen, etwa halb so großen Feuerleittürme noch nicht einmal eingerechnet. Verglichen damit war der neue Hauptbunker unter der Reichskanzlei geradezu bescheiden: Weniger als 10.000 Kubikmeter Zement, Stahl, Sand und Kiesel sowie Kosten von 1,4 Millionen Reichsmark weisen die erhaltenen Unterlagen aus.[51] Allerdings muß man sich vor Augen halten, daß in jedem der drei großen Flakbunker Berlins bis zu 15.000 Menschen ein Stückchen Sicherheit fanden, während der Hauptbunker der Reichskanzlei für genau einen Mann gebaut war.

Gartenausgang und Entlüftungsturm im Sommer 1945. Im Hintergrund rechts der zerstörte Festsaal, links vom Entlüftungsturm das schwerbeschädigte Dienstgebäude des Auswärtigen Amtes (damals Wilhelmstraße 75).

Auch ein Bunkerbau mitten im Krieg mußte natürlich ordnungsgemäß bezahlt werden; am 29. April 1943 hatte Rüstungsminister Speer an den Chef der Reichskanzlei, Hans-Heinrich Lammers, geschrieben: »Lieber Herr Reichsminister, für die Entwurfsbearbeitung und Bauleitung des neuen Bunkers im Garten der Reichskanzlei bestimme ich für den Architekten Piepenburg lt. Gebührenordnung folgende Honorarordnung: 2,3 Prozent [der Gesamtkosten des Baus,

d. Verf.] für Entwurfsbearbeitung, 1,5 Prozent für die Bauleitung und Abrechnung. Ich bitte, dem Architekten Piepenburg bis zur Fertigstellung des Bunkers eine Abschlagszahlung in Höhe von 20.000,- Reichsmark zu überweisen.«[52] Zugrunde gelegt wurde der Honorarsatz nach Bauklasse I für »einfachste Bauten«.[53] Piepenburg stellte am 30. September 1944 offiziell ein Gesamthonorar von 51.296 Reichsmark in Rechnung, 3,8 Prozent der tatsächlichen Gesamtkosten von 1.349.899,29 Reichsmark. 17 Pfennige hatte der Bauleiter seinem Auftraggeber großzügig erlassen.[54]

Eine feuchte Höhle

Die Innenausstattung des Hauptbunkers war bescheiden. Parkett wie beispielsweise im Bunker des Rüstungsministeriums am Pariser Platz gab es nicht.[55] Die erhaltenen Berichte von Mitarbeitern des engsten Kreises um Hitler und gelegentlicher Besucher sowie die Untersuchungen alliierter Nachrichtenoffiziere und ihre Fotos deuten auf einen kompletten Kontrast zu den typisch nationalsozialistischen Raum- und Ausstattungsinszenierungen hin. Selbst im Vergleich der bereits sehr gebrauchsorientiert eingerichteten Hitler-Wohnung im Führerhauptquartier Wolfsschanze war der Bunker ausgesprochen einfach ausgestattet. Der Boden im Hauptbunker war statt mit Teppich oder Parkett mit hellen Steingutfliesen belegt. Weil der Betonklotz unterirdisch im Berliner Grundwasser lag, war er immer feucht. Solange der Bunker in Betrieb war, wurde sickerndes Wasser abgepumpt, doch an der unangenehmen Feuchtigkeit in den Räumen änderte das nichts. Als die Pumpen Anfang Mai 1945 abgestellt wurden, sammelte sich rasch Wasser auf dem Boden. Anfang Juli 1945 stand das Wasser schon eine Handbreit hoch; später liefen die Bunkerräume bis auf eine Höhe von 2,35 Meter voll.[56] Auch an der Bauausführung war gespart worden – vermutlich eher aus Zeitmangel denn aus Bescheidenheit. Die Wände waren teilweise hellgrau gestrichener, teilweise nackter Beton; verputzt wurden offensichtlich nur wenige. Auf verschiedenen Fotos der Bunkeranlage von 1945, Anfang der siebziger Jahre und 1988 kann man die Abdrücke der Verschalungsbretter eindeutig erkennen. Der Eingang vom Garten aus dagegen war mit weißen Fliesen gekachelt, zwei Wände im Treppentrakt zwischen Vor- und Hauptbunker waren möglicherweise mit Restbeständen des roten Marmors verkleidet, der für die Neue Reichskanzlei angeschafft worden war.[57] Noch beklemmender als die karge Bauausführung war gewiß die Enge der Zimmer; selbst Hitlers zwei Privaträume waren gerade einmal jeweils rund zehn Quadratmeter groß und drei Meter hoch.

Traudl Junge, eine der vier Privatsekretärinnen des Führers, erinnerte sich: »Abends kamen pünktlich wie die Uhrzeiger die feindlichen Flugzeuge. Wir mußten mit Hitler in seinem kleinen Wohn- und Arbeitszimmer im Bunker essen.«[58] Dieser Raum habe »im tiefsten Kern des neuen Führerbunkers« gelegen. Die Mitglieder des persönlichen Stabes betraten den Bunker entweder vom Park aus direkt durch das Treppenhaus oder stiegen von der anderen Seite aus durch die Küche der Führerwohnung und etliche verschlungene Korridore in den Vorbunker hinunter: »Dann gelangte man in einen breiten Korridor, der rechts und links verschiedene Mannschaftsräume und Zimmer barg, und von hier aus wieder einige Treppenabsätze tiefer in den eigentlichen neuen Führerbunker.« Die schweren Eisentüren beeindruckten die junge Frau: »Sie führten zu einem breiten Gang. Links lag eine Tür zu den Toiletten, rechts der Maschinenraum mit den Licht- und Lüftungsanlagen, dann kam die Tür zur Telefonzentrale und zum Dienerzimmer.« Es folgte ein allgemeiner Aufenthaltsraum, durch den man rechts in das Zimmer von Hitlers Leibarzt Theodor Morell gelangte, außerdem zu einem kleinen Schlafraum für die Mannschaften. »Dieser Teil des Bunkers war wieder durch schwere Eisentüren zu schließen, die aber meistens offen standen.« Auf der anderen Seite des Korridors, der gleichzeitig als Warte- und Aufenthaltsraum benutzt wurde, befanden sich Hitlers Räume: »Ein breiter roter Läufer bedeckte die Steinfliesen. An der rechten Längswand hingen die kostbaren Gemälde, die aus den oberen Räumen der Führerwohnung und der Reichskanzlei hierher in Sicherheit gebracht worden waren. Schöne Sessel standen in Reih und Glied darunter.« Täglich hielt sich Traudl Junge in den letzten Wochen des Dritten Reiches hier auf und konnte sich so noch Jahrzehnte später an Details der Räumlichkeiten und Möblierung erinnern: »Von diesem Korridor also führten die Türen zu Hitlers Räumen. Sein Arbeitszimmer betrat man vom Gang aus durch einen kleinen Vorplatz. Es war ein etwa drei mal vier Meter großer Raum mit einer niedrigen Decke, die aufs Gemüt drückte. Wenig Mobiliar fand darin Platz. Rechts neben der Tür stand ein Schreibtisch an der Wand, gegenüber ein kleines Sofa mit blauweiß gemusterten Leinenpolstern, das eher eine Sitzbank war. Davor ein kleiner rechteckiger Tisch und drei Sessel. Ein kleines Tischchen, rechts vom Sofa, auf dem ein Radio stand, vervollständigte die Einrichtung.« Rechts führte eine Tür zu Hitlers Schlafzimmer. Es hatte keinen eigenen Eingang vom Korridor aus und war höchst privat; Frau Junge betrat es nie. Links gelangte man in Hitlers Bad, von da aus in einen kleinen Ankleideraum, der sich an Eva Brauns Bunkerzimmer anschloß.

Eine weitere Sekretärin im Bunker, Christa Schroeder, berichtete über das Wohnzimmer des Führers: »Hitler bewohnte einen sehr engen Raum, in dem nur ein kleiner Schreibtisch, ein schmales Sofa, ein Tisch und drei Sessel Platz hatten. Der Raum war kalt und ungemütlich. Auf der linken Seite führte eine Tür ins Badezimmer, auf der rechten eine andere in ein ebenfalls sehr enges Schlafzimmer. Das Arbeitszimmer wurde völlig beherrscht von einem Bildnis Friedrichs des Großen, das über dem Schreibtisch hing. Mit seinen großen traurigen Augen blickte der Alte Fritz mahnend herab. Die bedrückende Enge des Raumes und die ganze Stimmung wirkten sehr deprimierend. Wenn jemand durch das Zimmer gehen wollte, mußten die Sessel weggerückt werden.«[59] Das Friedrich-Porträt stammte von Anton Graff, in der zweiten Hälfte des 18. Jahrhunderts Hofmaler am sächsischen Hof in Dresden. Seit Hitler es 1934 gekauft hatte, beleitete es ihn stets auf Reisen, von Hauptquartier zu Hauptquartier. In den Wirren des Kriegsendes verschwand das Bild, das der Führer seinem Piloten Hans Baur vermacht hatte.[60]

Die Inneneinrichtung des Hauptbunkers war tatsächlich ein Sammelsurium. Die meisten Zimmer waren relativ vollgestellt; in Eva Brauns Schlafzimmer zum Beispiel standen eine große Kommode, ein Bett, ein Sessel mit Lehnen aus Korbgeflecht, auf dem Boden lag ein bunt gemusterter Teppich, der aber in dem naturgemäß fensterlosen und drückend grauen Raum auch keine Verbesserung der Atmosphäre herbeiführen konnte. Albert Speer vermerkte zwar in seinen Erinnerungen: »Der Raum war freundlich eingerichtet, sie hatte sich die aufwendigen Möbel vom oberen Geschoß mitgenommen, die ich ihr vor Jahren für ihre zwei Räume in der Kanzlerwohnung entworfen hatte.« Allerdings mußte auch der Architekt eingestehen: »Weder die Proportionen noch die ausgewählten Furniere wollten zu der düsteren Umgebung passen. Zu allem Überfluß zeigte eine der Intarsien auf den Türen der Kommode ihre Initialen zu einem Glücksklee stilisiert.«[61]

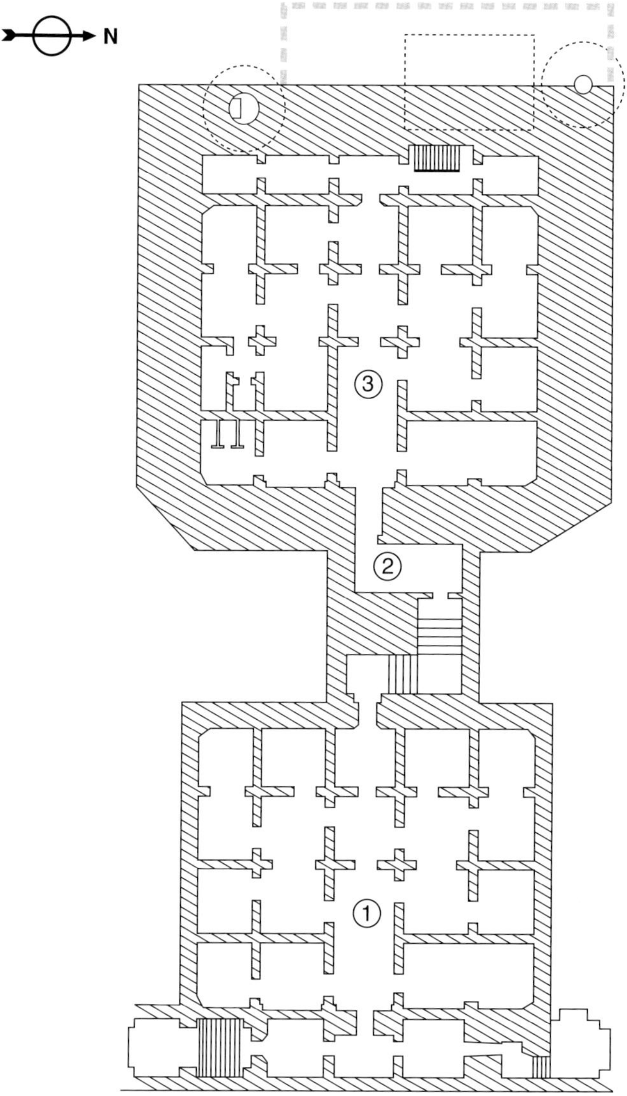

1 Vorbunker
2 Durchgang
3 Hauptbunker

Schematische Darstellung des Führerbunkers.
Angedeutet mit gestrichelter grauer Linie ist die ungeklärte Konstruktion des Gartenausgangs.

Hitlers Schlafzimmer enthielt ein einfaches Bett, einen Schrank, einen Tresor, einen Teetisch mit zwei Stühlen und eine Sauerstoffflasche, die er aus Angst vor dem Ersticken im Bunkerraum hatte aufstellen lassen. Ähnlich spartanisch waren auf der anderen Seite des Mittelganges der Wohnraum für Joseph Goebbels, das Schlaf- und Behandlungszimmer für den Leibarzt und mehrere kleine Räume für die Wachen eingerichtet. Eine moderne Telefonzentrale stellte den Kontakt zur Außenwelt dar.

Das Drama

Der letzte Umzug

Der 16. Januar 1945 war ein kalter Winterdienstag. Ohne jedes Aufheben rollte an diesem Morgen Hitlers Sonderzug zum letzten Mal in Berlin ein. Das Ziel war der Bahnhof Grunewald, eine idyllisch und schwer einsehbar inmitten von Wäldern gelegenen Station, von der aus seit 1941 immer wieder Deportationszüge mit Berliner Juden Richtung Osten abgefahren waren. Hitler stieg in seine Limousine um und ließ sich zur Reichskanzlei an der Wilhelmstraße fahren. Erkannte er, daß sein Krieg nach fünf mörderischen Jahren einem Ende entgegenging? In Gesprächen mit seiner engsten Umgebung jedenfalls klammerte er sich weiter an die Phrasen von der bevorstehenden Wende, an massenhaft von den Fabriken ausgelieferte Düsenjäger und an einen Bruch zwischen westlichen Alliierten und der Sowjetunion. Doch mehr als Selbstbetrug war das nicht mehr: Vier Tage zuvor hatte die Rote Armee ihre Winteroffensive begonnen, und schon war die deutsche Front an vielen Stellen durchstoßen. In Ostpreußen hatte daraufhin die große Flucht Richtung Westen begonnen, völlig unorganisiert, weil zuständige Wehrmachtskommandeure und vor allem die NSDAP-Funktionäre vor Ort monatelang jeden Gedanken an vorsorgliche Vorbereitung auf obersten Befehl als Defätismus bekämpft hatten.

Hitlers letzte Hoffnung war die Ardennenoffensive gewesen, der massierte Angriff der Wehrmacht auf die drückend überlegenen US-Streitkräfte in Belgien. Seit dem 16. Dezember 1944 hatten in einer letzten Kraftanstrengung deutsche Landser versucht, den Amerikanern so große Opfer beizubringen, daß die Kriegsentschlossenheit in den Vereinigten Staaten zusammenbrechen würde. Nach einigen Geländegewinnen zu Beginn und mörderischen Schlachten in tief verschneiten Mittelgebirgswäldern klarte es jedoch zu Weihnachten auf; die alliierten Luftflotten konnten ihre Überlegenheit wieder ausspielen und zerschlugen die letzten kampfkräftigen Reserven der Wehrmacht. Am 9. Januar 1945 mußte der ehemals als »Größter Feldherr aller Zeiten« gepriesene Diktator erkennen, daß die Westalliierten nicht wesentlich zurückweichen würden; drei Tage später erwies der sowjetische Angriff im Osten die Unsinnigkeit der Offensive im Westen endgültig.

Nachdem Hitler jahrelang den Krieg von Hauptquartieren an den Rändern seines Machtbereichs aus kommandiert hatte, vom »Felsennest« in der Münstereifel und der »Wolfsschlucht« im eroberten Belgien aus, vom bekanntesten Hauptquartier Wolfsschanze in Ostpreußen und der Anlage »Werwolf« in der eroberten Ukraine, zuletzt vom »Adlerhorst« in Ziegenberg rund 180 Kilometer von der Front der Ardennenoffensive, kehrte er jetzt in die Mitte des Reiches zurück, nach Berlin. Von hier aus wollte er den Kampf gegen die vorrückende Rote Armee koordinieren – zum Mißfallen seiner militärischen Berater. Denn die Reichshauptstadt verfügte nicht über die Infrastruktur, um den gesamten Stab des Führerhauptquartiers in unmittelbarer Nähe des Diktators unterzubringen. Schon vor Monaten war im Hinblick auf die zurückweichenden Wehrmachtstruppen vorsichtshalber mit dem Bau mehrerer weiterer, besonders großer und gut zu verteidigender Hauptquartiere in Deutschland begonnen worden, zum Beispiel des Komplexes »Riese« in Niederschlesien und der »Anlage Olga« im thüringischen Jonastal. In der Nähe von Hitlers Residenz bei Berchtesgaden, dem Berghof auf dem Obersalzberg, gab es zudem längst umfangreiche Bunkeranlagen und alle technischen Voraussetzungen, den Krieg längere Zeit zu befehligen. Allerdings existierten keinerlei Vorbereitungen für eine »Alpenfestung«, von der aus Hitler einen langen Endkampf um das Reich hätte leiten können, wie Briten und Amerikaner fürchteten – die Folge einer Spekulation vor allem Schweizer Zeitungen.[1]

Hitler ging nach Berlin, obwohl er sich dort nie recht wohl gefühlt hatte; viel angenehmer war ihm stets die Atmosphäre in Linz oder in München gewesen. Die Neue Reichskanzlei trug im Januar 1945 bereits die Spuren von Bombentreffern. Viele Fenster des mehrteiligen Riesenbaus waren vom Explosionsdruck geborsten, der Ehrenhof sowie die Marmorgalerie des jüngsten und mächtigsten Erweiterungsgebäudes mit Trümmern übersät. Auch die übrigen Gebäude der Regierungszentrale waren getroffen; der 1935/36 zusammen mit dem Festsaal im Garten hinter dem Reichskanzler-Palais errichtete Wintergarten konnte nicht mehr benutzt werden, ebensowenig das Musikzimmer und das sogenannte Raucherzimmer des Barock-Palais. Dessen rechter Flügel aber hatte die bisherigen Bombardements nahezu unbeschadet überstanden, wenn man von dem Putz absah, der von den Decken rieselte. Mitte Januar 1945 konnte der Bau nach einigen notdürftigen Renovierungen als bewohnbar gelten.

Hitler nahm Quartier im Reichskanzler-Palais; nur noch selten hielt er sich in den Räumen in der Neuen Reichskanzlei auf, denn Albert Speers »Meisterwerk« war kaum mehr zu beheizen. Außerdem konnte der Führer seinen Privatbunker von hier aus viel schneller erreichen als von den Repräsentationsräumen an der Voßstraße aus. Die beiden mit 1,70 Meter Deckenstärke für Hitler angeblich nicht ausreichend sicheren Bunker unter Speers Bau standen im Frühjahr 1945 weiterhin der Öffentlichkeit als Bunkerlazarett bzw. dem Stab der Reichskanzlei zur Verfügung. Adolf Hitler verbrachte die folgenden Wochen vor allem im Haus Wilhelmstraße 77. Lagebesprechungen fanden meistens dort statt, nur gelegentlich noch im 390 Quadratmeter großen Arbeitszimmer des Führers in der Neuen Reichskanzlei.[2] Der zweiteilige Bunker unter dem Garten diente zunächst lediglich als Luftschutzkeller, den der Reichskanzler und sein Stab bei Luftalarm aufsuchten.

Über Hitlers Zustand Mitte Januar 1945 gibt es widersprüchliche Zeugnisse. Angeblich, berichtete seine Sekretärin Traudl Junge, konnte er sich in jenen Tagen sogar über ziemlich zynische Scherze wie den folgenden amüsieren: »Jemand erklärte, Berlin sei sehr praktisch als Hauptquartier, man könne bald mit der S-Bahn von der Ostfront zur Westfront fahren.«[3] In Goebbels Tagesaufzeichnungen heißt es: »Er [Hitler] wird mit größter Energie darangehen, an der Mittelfront wieder eine halbwegs klare Situation zu schaffen.« Eine Woche später vermerkte der Propagandaminister: »Alles in allem kann ich feststellen, daß der Führer ein Wunder an Mensch ist. Keine Not und keine Gefahr vermag ihn niederzuwerfen oder auch nur niederzudrücken. Er wirkt um so größer, je größer die Schwierigkeiten sind, die er zu überwinden hat.«[4] Dagegen erinnerte sich Rüstungsminister Albert Speer, bei den Lagebesprechungen sei immer häufiger Ernst Kaltenbrunner anwesend gewesen, der Chef des Reichssicherheitshauptamtes, nachdem es mehrfach beinahe zu Konfrontationen mit Generälen gekommen war. Kaltenbrunner war die personifizierte Drohung, daß Hitler tatsächlich jede »defätistische Äußerung«, die seine augenscheinlich angeschlagene Autorität untergraben würde, »mit aller Schärfe ahnden« wollte.[5] In der Besprechung am 17. Januar fielen einigen Anwesenden die gebeugten Schultern, der wie leblos herabhängende linke Arm und das Desinteresse des Führers an der militärischen Lage auf.[6] Offensichtlich unterlag Hitler immer extremeren Gemütsschwankungen. Sie waren stets für ihn typisch gewesen; jetzt traten sie stärker denn je auf. In den Tagesaufzeichnungen von Goebbels, dem treuesten seiner Paladine, finden sich beinahe täglich Angaben über den Gesundheitszustand und die Stimmungen des Diktators; der Propagandaminister vermerkte jeden Eindruck detailliert.[7]

Am 3. Februar 1945 zerstörten amerikanische Bomberverbände bei einem ihrer größten Angriffe die südliche Friedrichstadt und Teile des Regierungsviertels. Hitlers engster und längst mächtigster Mitarbeiter, der Chef der Parteikanzlei Martin Bormann, notierte nüchtern: »Vormittags schwerer Angriff auf Berlin (Neue Reichskanzlei, Führerwohnung – Eingangshalle, Speisesaal, Wintergarten, Parteikanzlei).«[8] 58 schwere Sprengbomben schlugen allein auf dem Gelände der Reichskanzlei ein.[9] Wasser- und Stromversorgung fielen aus, selbst Telefon und Heizung funktionierten tagelang gar nicht mehr. In den folgenden Tagen häuften sich die Nachtangriffe der Royal Air Force[10]; Bormann klagte am 6. Februar in einem Brief an seine Frau: »Heute morgen waren wir wieder für kurze Zeit im Bunker, aber der Hauptangriff ging an uns vorbei [...] Wir leben hier bescheiden und risikoreich. [...] Wir sitzen noch immer in kalten Räumen und unglücklicherweise ist kein Bad zu bekommen.«[11] Doch für die oberste Führung wurde natürlich besonders schnell gearbeitet; nach wenigen Tagen funktionierten Technik und sanitäre Einrichtungen wieder problemlos. Während des nächsten Großangriffs, am 26. Februar, schrieb Bormann: »Jetzt habe ich gerade gehört, daß drei weitere Formationen feindlicher Bomber sich Berlin nähern. Die Radioberichte haben aufgehört, aber hier und da können wir in der Ferne dröhnende Explosionen hören. Ich frage mich, wie Berlin aussehen wird, wenn ich es das nächste Mal sehe.«[12] In diesen Tagen, Ende Februar oder Anfang März 1945, verlegte Adolf Hitler sein Quartier endgültig in den Bunker. Der genaue Termin läßt sich nicht mehr feststellen. Nur noch selten und dann für kurze Zeit wagte er es nun, aus seiner Höhle aus Beton ans Licht zu kommen.

Hitlers Tagesablauf hatte sich schon immer von dem der meisten Menschen radikal unterschieden; er stand meist am späten Vormittag auf und ging erst in den frühen Morgenstunden zu Bett. Über den Alltag in jenen Wochen im Bunker berichtete Christa Schroeder: »Oft begann die letzte Lagebesprechung erst nach Mitternacht und dauerte zwei bis drei Stunden. Dann gab es in Hitlers Wohnzimmer [im Bunker, d. Verf.] den üblichen Tee und immer flachere Gespräche. Hitler spielte oft mit den Hunden [seiner Schäferhündin Blondi und ihren Welpen, die im Hauptbunker untergebracht waren, d. Verf.].

Eines von nur zwei bekannten Fotos aus dem Führerbunker vor dem 30. April 1945. Es zeigt neben einigen SS-Männern links in Zivil und halb von hinten Hitlers Leibarzt Theodor Morell. Dritter von rechts ist Konteradmiral Karl-Jesko von Puttkamer und ganz rechts steht Peter Högl vom Reichssicherheitsdienst.

Dann verabschiedete er sich, um sich zurückzuziehen, was in letzter Zeit gewöhnlich gegen fünf oder sechs Uhr in der Früh der Fall war. Viel Zeit zum Schlafen blieb nicht, da es regelmäßig gegen elf Uhr Fliegeralarm gab. Hitler blieb nicht liegen. Er stand auf und zog sich an, da er befürchtete, daß durch eine schräg fallende Bombe einmal die Seitenwand des Bunkers getroffen und aufgerissen werden könnte. Nach dem Alarm, der meist bis zum Mittagessen um 14 Uhr dauerte, berief Hitler die Nachmittagslage ein, und das Abendessen fand gewöhnlich gegen 21 oder 22 Uhr statt.«[13]

Augenzeugen haben durchweg bedrückende Schilderungen der Lagebesprechungen im Bunker überliefert. Bernd Freytag von Loringhoven, Adjutant des Generalstabschef des Heeres, berichtete: »Während der letzten Wochen wurden die Lagebesprechungen unten im Führerbunker in einem sehr, sehr kleinen Raum abgehalten, da bei Luftangriffen oft nicht genügend Zeit war, um mit all den Karten usw. in den Bunker herunterzugehen. Deswegen wurden die Lagebesprechungen dann nur noch im Bunker abgehalten. Die Menschen, die täglich zur Besprechung der militärischen Lage kamen, trafen sich dort in dem sehr kleinen Lageraum. Er war ungefähr drei mal vier Meter [tatsächlich etwa 3,60 mal vier Meter, d. Verf.] groß. Darin waren eine Wandbank, zwei oder drei Stühle und ein kleiner Tisch, auf dem zwei Lampen standen und auf dem die Karten ausgebreitet wurden. Alle Leute standen um diesen Tisch herum, wo Hitler in einem Stuhl saß. Auf den Stühlen konnten die älteren Militärs, die an den täglichen Lagebesprechungen teilnahmen, für einige Zeit sitzen, weil die Lagebesprechungen oft Stunden dauerten. Alle anderen mußten stehen, und das war eine furchtbare Angelegenheit in diesem kleinen Raum. Man war zusammengequetscht [...] und trotz der Klimaanlage war die Luft in diesem Raum oft sehr schlecht. [...] Der Raum wurde von einer Glühbirne in der Mitte des Zimmers beleuchtet.«[14] Gerhard Boldt, Ordonnanzoffizier beim Chef des Generalstabes, hatte nur im Detail abweichende Eindrücke: »Langsam biegen wir von der Hermann-Göring-Straße aus in den schmalen Weg zum Führerbunker ein. Die Sicherungen sind nachts verdoppelt. An jeder Ecke stehen Posten mit Maschinenpistolen und Handgranaten. In der Dunkelheit sind die Kontrollen noch schärfer als bei Tage. Ein Posten bringt uns vom Parkplatz an den Eingang des Bunkers und liefert uns bei der dortigen Wache ab. Kein Schritt bleibt unbewacht. Dann geht es schier ungezählte Stufen hinab. Kalte, ungeputzte Betonwände. [...] Nachdem wir etwa eine halbe Stunde gewartet haben, erscheinen Hitler, Bormann und Kaltenbrunner. Nach kurzer Begrüßung gehen wir in den Lageraum, wo Hitler Guderian sofort um die ›Ostlage‹, den Vortrag über die militärische Lage im Osten, bittet. Der kleine Raum, in dem die Besprechung stattfindet, mißt nur etwa fünf Meter im Quadrat, seine Wände sind grau gestrichen, keine Bilder. Das Mobiliar besteht aus einer grauen Wandbank, einem Kartentisch und einem Schreibtischstuhl.«[15] Die Sekretärin Traudl Junge erinnerte sich: »Neben Hitlers Schlafzimmer war noch ein kleiner Raum, der als Konferenz-, Besprechungs- und Lagezimmer benutzt wurde. Es stand nichts weiter drin als ein großer Tisch, eine ringsum laufende Bank und einige Stühle und Hocker.«[16]

In diesen Lagebesprechungen kapselte sich Hitler mehr denn je von der verheerenden militärischen Realität ab. Seit Anfang Februar 1945 stand die Rote Armee an der Oder, hatte sogar zwei kleinere Brückenköpfe auf ihrem westlichen Ufer erobert und bereitete sich auf den endgültigen Sturm vor. Nur noch rund 80 Kilometer trennten die sowjetischen Truppen von der Reichskanzlei; im modernen Panzerkrieg eine Entfernung, die in zwei Tagen überwunden werden konnte. Kampfkräftige Truppen standen der Wehrmacht nicht mehr zur Verfügung; die notdürftig zusammengefaßten Soldaten zahlreicher zerschlagener Einheiten, die älteren »Volkssturm«-Männer und die Hitler-Jungen mit unzureichender Bewaffnung hatten keine Chance gegen die drei sowjetischen Armeegruppen, die mit neuem Material versehen den letzten Angriff unternehmen sollten. Einmal noch besuchte Hitler im März die Oderfront, um den Landsern Mut zu machen; es sollte das letzte Mal sein, daß er die Reichskanzlei verließ. Wie unsicher Hitler sich inzwischen war, kann man daran erkennen, daß er seinen Chauffeur Erich Kempka angeblich anwies, nicht den üblichen schweren Mercedes für die Fahrt an die Oder zu benutzen, sondern einen unauffälligen Volkswagen.[17] Der Führer im Käfer – das Ende war tatsächlich nicht mehr fern.

Albert Speers Attentatsplan

»Staatsautorität als Selbstzweck kann es nicht geben, da in diesem Fall jede Tyrannei auf dieser Erde unangreifbar und geheiligt wäre. Wenn durch die Hilfsmittel der Regierungsgewalt ein Volkstum dem Untergang entgegengeführt wird, dann ist die Rebellion eines jeden Angehörigen eines solchen Volkes nicht nur Recht, sondern Pflicht.«[18] Dieses klare Bekenntnis zum Widerstandsrecht gegen tyrannische Herrschaft stammt ausgerechnet von – Adolf Hitler. Der gescheiterte Putschist schrieb die Sätze 1924 im Gefängnis in Landsberg, im folgenden Jahr erschienen sie im ersten Band von »Mein Kampf« und wurden bis Anfang 1945 vorsichtig geschätzt allein auf Deutsch in zehn Millionen Exemplaren gedruckt.[19] Wie viele Menschen das Buch tatsächlich gelesen haben, ist nicht bekannt. Albert Speer jedenfalls, des Führers Leibarchitekt und Rüstungsminister, hatte diese Stelle nicht im Kopf, bis ihn einer seiner Berater Anfang Februar 1945 aufsuchte und ihm das Zitat zeigte. Möglicherweise mit wichtigen Folgen: »Da war von Hitler selbst ausgesprochen, was ich in den letzten Monaten angestrebt hatte. Es blieb nur noch die Schlußfolgerung: Hitler übte – selbst an seinem politischen Programm gemessen – bewußt Hochverrat am eigenen Volk, das sich seinen Zielen geopfert hatte und dem er alles verdankte; mehr jedenfalls, als ich Hitler zu danken hatte. In dieser Nacht faßte ich den Entschluß, Hitler zu beseitigen.«[20]

Was weiter – wirklich oder angeblich – geschah, berichtete Speer im Verhör beim Nürnberger Prozeß: »Hitler hatte in dieser Zeit oft nach der militärischen Lage in seinem Bunker Besprechungen mit Ley, Goebbels und Bormann, die ihm damals besonders nahestanden, weil sie seinen Kurs der Radikalität unterstützten und mitmachten. Es war seit dem 20. Juli [1944] auch den engsten Mitarbeitern von Hitler nicht mehr möglich, diesen Bunker zu betreten, ohne daß die Taschen, die Aktentasche von der SS auf Sprengstoff untersucht wurden. Ich kannte als Architekt diesen Bunker genau. Dieser hatte eine Frischluftanlage, ähnlich wie sie hier auch eingebaut ist im Saale. Es war nicht schwer möglich, in die Ansaugöffnung der Frischluftanlage, die im Garten der Reichskanzlei war, das Gas zu bringen. Es mußte sich dann in kurzer Zeit im gesamten Raum, im gesamten Bunker verbreiten.« Er, Speer, habe sich daraufhin bei einem engen Mitarbeiter seines Ministeriums erkundigt, wie man das neuentwickelte und hochwirksame Nervengas Tabun besorgen könne, das von der Filteranlage nicht zurückgehalten wurde.[21] Doch bei der Nachforschung sei herausgekommen, daß Tabun-Granaten sich für den vorgesehenen Zweck nicht eigneten, weil sie explodieren mußten, bevor sie ihre mörderische Wirkung entfalten konnten. Der Luftschacht aber bestand laut Speer aus dünnen Blechen. Also entschied er sich seiner Aussage zufolge für ein konventionelles Kampfgas: »Ich hatte daraufhin Besprechungen mit dem Obermonteur der Reichskanzlei, Hänschel [richtig: Johannes Hentschel, d. Verf.], ab Mitte März 1945, und erreichte durch diese Gespräche, daß der Gasschutzfilter nicht mehr dauernd eingeschaltet war. Damit hätte ich eine normale Gassorte verwenden können. Natürlich hat Hänschel keine Kenntnis davon bekommen, warum ich diese Gespräche mit ihm führte. Als ich soweit war, besichtigte ich mit diesem Hänschel die Ansaugöffnung im Garten der Reichskanzlei und mußte dort feststellen, daß kurz vorher auf persönlichen Befehl Hitlers auf diese Ansaugöffnung ein vier Meter hoher Kamin gemauert war. Das ist heute noch dort festzustellen. Damit war die Durchführung dieses Plans nicht mehr möglich.«[22]

Albert Speer – ein tragisch gescheiterter Tyrannenmörder? Hatte er, wenn auch gewiß zu spät, erkannt, daß Adolf Hitler das deutsche Volk in den Untergang führen könnte, und wollte er daraus die Konsequenz ziehen? Unter Historikern gibt es zu dieser These zwei streng geschiedene Fraktionen. Die Speer-Biographen Joachim Fest und Gitta Sereny, beide über Jahre hinweg von seiner Persönlichkeit beeindruckt, glaubten ihm. Für Fest entsprang der Plan allerdings einem »räuberromantischen Impuls« und ließ nichts von dem »Perfektionismus erkennen, den Speer überall sonst befolgte«. Auch distanzierte er sich von dem angeblichen Attentatsplan, indem er den schärfsten »künstlerischen« Konkurrenten Speers zitierte, den zweiten »Leibarchitekten« Hitlers, Hermann Giesler. Der hatte Speers Ausführungen in seinen »Erinnerungen« in einem Brief an den Verlag mit der »höhnischen Bemerkung« bedacht: »Dem zweitmächtigsten Mann im Staate fehlte eine Leiter.« Die vor den Nazis nach England geflüchtete österreichische Jüdin Gitta Sereny hinterfragte in ihren zahlreichen Gesprächen mit dem ehemaligen Rüstungsminister in den Jahren 1978 bis 1981 den Attentatsplan nicht nachdrücklich. Speer äußerte ihr gegenüber, er sei erleichtert gewesen, als der neugemauerte Luftschacht »der Sache ein Ende gesetzt« habe: »Es war ein Verzweiflungsimpuls, aber ich hätte es nie wirklich getan. Ich hätte es nicht tun können.«[23]

Dagegen halten sowohl der niederländische Journalist und Speer-Biograph Dan van der Vat als auch der deutsche Publizist Will Berthold Speers Giftgas-Geschichte für unglaubwürdig. Van der Vat, Autor unter anderem für »The Times«, bemerkte: »Genau zwei Jahre vor dem angeblichen Plan, Hitler (dazu Bormann, Goebbels und Ley, wie er hoffte) durch die Einleitung von Giftgas in die Lüftungsanlage zu beseitigen, hatte Speer Vorsichtsmaßnahmen genehmigt, die das ganze verrückte Vorhaben – ob mit oder ohne hohen Kamin, Scheinwerfer und SS-Patrouillen – überhaupt unmöglich gemacht hätten. Vielleicht hatte er das vergessen. Auf jeden Fall ›verschwand der Attentatsplan selber [...] aus meinen Überlegungen so schnell, wie er gekommen war‹.«[24] Der Schriftsteller Will Berthold, Autor unter anderem eines Buches über die (großzügig gerechnet) 42 Attentate auf Hitler, urteilte noch härter: »Später behauptete der Günstling und Freund Hitlers und Architekt seiner Wahnhalla-Ideen, bei dieser Gelegenheit [einem Besuch im Führerbunker, d. Verf.] erwogen zu haben und auch versucht zu haben, den Führer durch ein Gasattentat über den Luftschacht des Bunkers zu töten. Einen Beweis blieb der Mann, der dem brennenden Berlin noch rechtzeitig entkommen konnte, schuldig. Während viele Attentäter bei dem Versuch, Hitler zu beseitigen, ihren Kopf riskiert und auch verloren hatten, besteht im Fall Speer die Vermutung, daß Hitlers Darling, wegen des Todes Tausender Rüstungssklaven in Nürnberg als Hauptschuldiger angeklagt, durch diese Schutzbehauptung den Kopf aus der Schlinge ziehen wollte.«[25]

Hat Albert Speer ein Gasattentat auf den Führerbunker erwogen, geplant, unternommen? Niemand weiß es mit Sicherheit. Dagegen spricht auf jeden Fall, daß Speer in seinen Vernehmungen durch britische und amerikanische Geheimdienstoffiziere in Kransberg im Sommer 1945 von seinen angeblichen Plänen noch nichts berichtete, obwohl er explizit zu seinem Verhältnis zu Hitler befragt wurde.[26] Zu Recht betont sein Biograph Joachim Fest das »inszenatorische Geschick, mit dem er [Speer] den schon im Ansatz gescheiterten, womöglich nicht einmal von ihm selbst ganz ernst genommenen Attentatsplan dem Gericht [in Nürnberg] zur Kenntnis brachte«.[27] Speer bat nämlich wegen der Skepsis seines eigenen Anwalts einen anderen Verteidiger, das Thema in einem Zeugenverhör vor dem Militärtribunal unvermittelt anzusprechen[28] – um darauf eine selbstverständlich verneinende Antwort zu bekommen. So kam das Vorhaben dem Gericht zur Kenntnis, ohne daß der Architekt dabei eine Rolle zu spielen schien. Mehr als den Haß seiner Mitangeklagten, die Albert Speer ohnehin verachtete, hatte er nicht befürchten – aber viel zu gewinnen; sein eigenes Überleben nämlich. Der angebliche Attentatsplan auf Hitler im März 1945 und die angebliche Ahnungslosigkeit über den Holocaust sollten dem ehemaligen Rüstungsminister, dessen Organisationstalent den Krieg möglicherweise um zwölf Monate oder mehr verlängert hat, schließlich das Leben retten.

Allerdings läßt sich in der Baugeschichte des Führerbunkers eine Änderung der Belüftung nachweisen, die zu Speers Schilderung passen könnte. Von einer »Aufmauererung« des Belüftungsschachtes ist zwar nichts bekannt. Jedoch wurden am 8. März 1945 als letzte nachgewiesene Lieferung für den Führerbunker 400 Tonnen Zement bestellt, die an der Baustelle Hermann-Göring-Straße abzuliefern waren. Daraus sollte mutmaßlich der unmittelbar neben dem Gartenausgang des Bunkers gelegene Frischluftturm fertiggestellt werden, einer der beiden bekannten, zylindrischen und konisch abgeschlossenen Betontürme. Außerdem gab es tatsächlich niedrige Frischluftansaugstutzen aus Blech, die an der anderen Seite des Hauptbunkers hin zur Gartenfassade des Festsaals lagen, sowie einen kleineren Luftansaugschacht aus Beton. Daß ein Zusammenhang mit Hitlers Angst vor einem Gasanschlag oder vor Betäubungsgas aus sowjetischer Produktion besteht, ist reine Spekulation. Jedenfalls kam Speer auch nach dem angeblichen Scheitern seines Attentatsplans mehrfach zu Hitler in den Bunker, um ihn von seinen

»Nero«-Befehlen abzubringen, laut denen alle industriell, kulturell oder sonstwie bedeutsamen Einrichtungen in Deutschland gesprengt werden sollten, damit sie den Siegern nicht in die Hände fielen.[29] Zweifelsohne hat sich Albert Speer mit der Sabotage dieser letzten Hitler-Befehle Verdienste erworben; ob sie genügen, seine ebenfalls unbezweifelbare Schuld aufzuwiegen, sei dahingestellt. In jedem Fall hat Adolf Hitler von Speers angeblichen Attentatsplänen nicht genügend mitbekommen, um seinen Vertrauten, vielleicht sogar Freund, zu verstoßen. Es gab im März und April 1945 mehrmals Konfrontationen zwischen Hitler und seinem Rüstungsminister, aber es gab keinen Bruch.

Hitler und Eva Braun

Seit dem 7. März 1945 wohnte auch Eva Braun dauerhaft im Führerbunker – allerdings außerplanmäßig. Die langjährige »Begleiterin« Hitlers, die als »Ehrengast« meist auf dem Berghof gelebt hatte, schlug ihr Quartier im Ankleideraum der einbetonierten Führerwohnung auf. Mit direktem Zugang zum privaten Badezimmer Hitlers, aber durch drei Türen getrennt von seinem Schlafzimmer. Mit einem Kurierwaggon war sie von München nach Berlin gekommen, zurück in die Stadt, die sie bereits einen Monat zuvor eigentlich gar nicht mehr hatte verlassen wollen.[30] Schon als sie Mitte Januar nach Berlin geeilt war (in den militärisch geprägten Führerhauptquartieren war sie unerwünscht), zog sie nichts mehr zurück nach Bayern. Goebbels diktierte seinem Sekretär am 1. Februar: »Der Führer [...] sagt, daß Fräulein Eva Braun denselben Standpunkt vertrete [wie Magda Goebbels, d. Verf.]. Auch sie wolle Berlin nicht verlassen, vor allem in der jetzigen kritischen Stunde nicht. Der Führer findet für sie Worte höchster Anerkennung und Bewunderung. Das verdient sie ja wohl auch.«[31] Es ist eine der ganz wenigen Erwähnungen Eva Brauns in der umfangreichsten und wahrscheinlich auch wichtigsten Quelle über Hitlers engsten Kreis.

Eva Braun, geboren am 6. Februar 1912, gestorben als Eva Hitler am 30. April 1945, und ihre Beziehung zu Adolf Hitler sind bis heute rätselhaft. Das Intimleben des Diktators ist gerade in den vergangenen Jahren Gegenstand wilder Spekulationen geworden: War der Führer etwa doch schwul? Oder war er nur extrem gehemmt gegenüber Frauen? Hatte er vielleicht gar kein Bedürfnis nach körperlicher Intimität mit einem anderen Menschen? War er krank oder mißgebildet? Oder hatte er ein ganz normales Liebesleben, in nichts zu unterscheiden von jedem anderen Mann seiner Zeit?[32] Weder war er verheiratet noch hatte er eine (oder gar mehrere) Geliebte. Im engeren Kreis galt Eva Braun als seine feste Begleiterin. Doch selbst in der sehr begrenzten Öffentlichkeit des Berghofes gab es offenbar kaum Berührungen; beinahe jedes Foto[33] der beiden scheint geprägt von einer spürbaren Distanz, ja Zurückweisung durch Hitler. Selbst im Bunker hielt sich Eva Braun offenbar im Hintergrund, wenn auswärtige Besucher kamen; Ulrich de Maizière, damals Generalstabsoffizier und ungefähr fünfzehnmal zum Vortrag im Führerbunker, erinnerte sich: »Hier konnte man der persönlichen Umgebung begegnen, wie zum Beispiel seinem Diener, einem SS-Offizier [Heinz Linge, d. Verf.], oder dem korpulenten, höchst unsympathischen Leibarzt Dr. Morell. Auch der Schäferhund Hitlers hatte dort seinen Zwinger. Niemals aber habe ich dort eine Frau gesehen, von einer Sekretärin abgesehen. So war mir auch die Existenz von Eva Braun nicht bekannt.«[34]

Allerdings ist nicht einmal unumstritten, daß Eva Braun wirklich Hitlers wegen im März 1945 endgültig nach Berlin übersiedelte. Aufgrund von Eindrücken der Sekretärin Christa Schroeder spekuliert der kenntnisreiche Autor Anton Joachimsthaler, daß der eigentliche Anlaß für den Umzug eine tatsächliche oder nur erträumte Beziehung zum SS-General Hermann Fegelein[35] gewesen sein könnte.[36] Tatsächlich war der Verbindungsoffizier Heinrich Himmlers zum Führerhauptquartier ein ausgesprochen gutaussehender und charmanter Mann. Außerdem läßt der Eifer, mit dem Eva Braun ihre eigene Schwester mit Fegelein verkuppelte, gewisse Vermutungen aufkommen. Und tatsächlich kann man die Abfolge der Ereignisse, die zum gemeinsamen Sterben von Eva und Adolf Hitler führte, einigermaßen schlüssig unter der Prämisse erklären, daß eigentlich Fegelein das Hauptinteresse der 33jährigen Eva Braun galt.

Ganz unabhängig von dieser angeblichen oder wirklichen Liebschaft zu Hermann Fegelein einerseits und von dem Charakter ihrer Beziehung zu Hitler andererseits hatte Eva Braun ab dem 22. April 1945 ein zusätzliches Problem. An diesem Tag war Magda Goebbels mit ihrem Mann und den gemeinsamen sechs Kindern in den Führerbunker eingezogen. Die Frau des Propagandaministers wohnte mit ihren Kindern in einer Zimmerflucht im Vorbunker, der Minister selbst bezog zwei Räume genau gegenüber von Hitlers

Bunkerwohnung. Magda Goebbels war immer die eigentliche First Lady des Dritten Reiches gewesen; sie war die höchstgestellte Frau des Regimes, die in der Öffentlichkeit auftrat. Eigentlich soll auch sie stets Hitler geliebt haben; Joseph Goebbels sei für sie eher ein Mittel zum Zweck gewesen, ihrem eigentlichen Idol nahe zu sein.[37] Vermutlich aber hatte Magda Goebbels kein sexuelles Interesse an Hitler; sie war eher die personifizierte Gefolgsfrau, die aus der Anerkennung ihres Herrn Selbstbewußtsein und Selbstbestätigung zog. Die höchste Auszeichnung für sie soll gewesen sein, daß Hitler ihr drei Tage vor seinem Selbstmord angeblich sein Goldenes Parteiabzeichen ansteckte.[38] Die damenhafte, elegante, siebenfache Mutter Magda Goebbels verkörperte genau das, was Eva Braun gerne sein wollte. Die dagegen wurde unter Verschluß gehalten, durfte nur im privaten Umfeld des Berghofs an Hitlers Seite auftreten. Hinzu kam, daß Frau Goebbels versucht hatte, Eva Braun auch in ihrem ureigensten Revier auf dem Obersalzberg auszugrenzen: Sie schloß die Rivalin von ihrem Kaffeekränzchen aus. Daraufhin soll sich Eva Braun bei Hitler beschwert haben, der klar Position gegen Magda Goebbels bezogen und sich längere Zeit von ihr ferngehalten haben soll – wohl fast die schlimmste Strafe, die die Frau des Propagandaministers in den späten dreißiger Jahren ereilen konnte.[39]

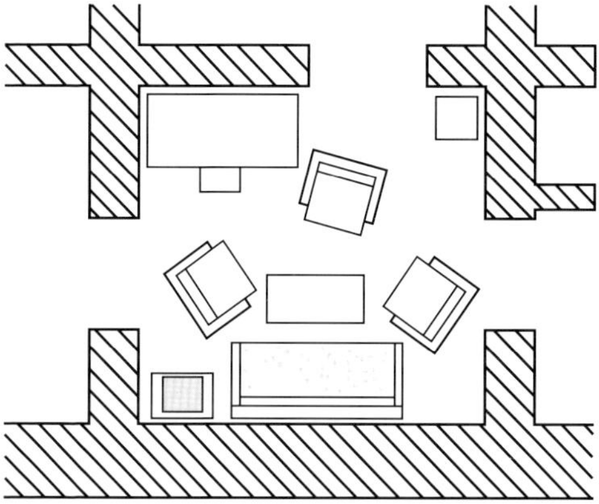

Rund zehn Quadratmeter maß Hitlers Wohn- und Arbeitszimmer im Bunker. Auf dem Sofa (unten) brachten sich Adolf Hitler und seine frisch angetraute Frau Eva am 30. April 1945 um.

Die Wende?

Der April 1945 begann in Berlin eher kühl; Frühlingsstimmung wollte in der zerbombten Hauptstadt nicht aufkommen. An der Ost- wie der Westfront standen alliierte Truppen weit auf deutschem Gebiet; die Berliner fürchteten den kommenden Straßenkampf und die Rache der russischen Soldaten. Die völlige Niederlage war nur noch eine Frage von Wochen. Dennoch agierte Hitler aus seinem Bunker weiter wie gewohnt: Er beförderte noch immer treue Generäle, gruppierte in völliger Verkennung der Realität längst zerschlagene Wehrmachtseinheiten um und sandte sogar am 12. April noch ein Glückwunschtelegramm an einen ausländischen Staatschef, nämlich an den kroatischen Faschistenführer Ante Pavelic – viel mehr Verbündete hatte das Dritte Reich nicht mehr. Ans Aufgeben dachte Hitler immer noch nicht.

Am selben Tag starb in Warm Springs im US-Bundesstaat Georgia Franklin D. Roosevelt. Der Präsident war seit langem schwer krank gewesen, hatte schon im Herbst 1944 den Wahlkampf in den USA nur mit Mühe bewältigt und die anstrengende Reise zum Gipfel der Großen Drei nach Jalta im Februar 1945 allein durch schiere Willenskraft überstanden. Danach war er zur Erholung nach Georgia gefahren. Als Propagandaminister Joseph Goebbels die Nachricht am Abend des 12. April vernahm, steigerte er sich in eine völlig irrationale Hoffnung hinein: »Sogleich ließ er sich mit Hitler verbinden. Er gratulierte ihm, das Schicksal habe seinen größten Feind niedergestreckt, Gott habe sie nicht vergessen, um schließlich mit ekstatisch verklärter Stimme vom ›Wunder‹ zu sprechen. Jenes ›Mirakel des Hauses Brandenburg‹, welches das Preußen Friedrichs in letzter Stunde vor dem Untergang bewahrt hatte, es würde sich jetzt wiederholen. Und wie der große König nicht aufgehört habe zu glauben, so habe er, Goebbels, an seinem Glauben an den ›Führer‹ festgehalten. War es damals [1762] der Tod der Zarin Elisabeth gewesen, der die österreichisch-russische Feindkoalition sprengte, so war es jetzt der Tod des ›jüdischen‹ Erzfeindes Roosevelt, der das Ende der Feindkoalition zwischen den westlichen ›Plutokratien‹ und dem Bolschewismus herbeiführen würde.«[40] Der Propagandaminister ließ sogar zwei Horoskope in den Führerbunker bringen, laut denen sich in der zweiten Aprilhälfte das Kriegsglück wenden sollte.[41] Goebbels glaubte nicht an Astrologie; allerdings war ihm jedes Mittel recht, das seinen Führer innerlich wieder ein Stück aufrichten konnte.

Martin Bormann rief noch in derselben Nacht seine Gauleiter an und prophezeite ihnen »einen totalen Umschwung in Europa«. Die Meldung vom Tode Roosevelts sei »die beste Nachricht, die wir seit Jahren bekommen haben. [...] Sagen Sie allen Männern, der gefährlichste Mann dieses Krieges ist tot.«[42] Von Euphorie ist in Bormanns privaten Notizen allerdings nichts zu spüren; dort steht schlicht »nachm. Roosevelt †« und »Abends Kesselring. Lange Besprechung«.[43]

Wie Hitler im Bunker der Reichskanzlei auf die Nachricht reagierte, ist unklar; es gibt sehr unterschiedliche Schilderungen von Augenzeugen.[44] Luftwaffen-Adjutant Nicolaus von Below bekundete, der Führer habe die Nachricht nüchtern und ohne großen Optimismus aufgenommen, »aber er schloß doch nicht aus, daß dieser Tod politische Folgen für uns haben könnte.«[45] Bormanns Notiz von Freitag, dem 13. April, verrät nichts Außergewöhnliches.[46] Albert Speer sagte wenige Monate nach Kriegsende aus, nach dem »Überschwang des ersten Augenblicks« sei Hitler »zu einer ruhigeren Beurteilung gekommen«.[47] Später dagegen, in den sechziger Jahren, schilderte er eine andere Szene: »Hitler sah mich und stürzte mit einer bei ihm seltenen Lebhaftigkeit auf mich zu [...] Seine Worte überstürzten sich: ›Hier haben wir das große Wunder, das ich immer vorhergesagt habe. Wer hat nun recht? Der Krieg ist nicht verloren. Lesen Sie! Roosevelt ist tot!‹ Er konnte sich gar nicht beruhigen. Endgültig glaubte er die Unfehlbarkeit der ihn beschützenden Vorsehung bewiesen.«[48] Gestützt auf die Aussagen Speers schrieb Joachim Fest in seiner Hitler-Biographie über eine mehrstündige »lärmende Hochstimmung« im Bunker, »in der sich Erleichterung, Dank, Zuversicht und fast schon wieder Siegesgewißheit mischten«.[49] Reichsaußenminister Joachim von Ribbentrop soll nach seiner Rückkehr aus dem Bunker gegenüber einem Mitarbeiter bemerkt haben, der Führer sei »mit den Beinen nicht mehr auf der Erde. Er schwebt irgendwo im Himmel. Goebbels, diese Kanaille, hat ihm eingeredet, daß der Tod Roosevelts die große Wende sei.«[50] Angeblich soll Hitler in jener Nacht in stille Konversation mit dem Porträt Friedrichs II. getreten sein, das in seinem Wohnzimmer hing.

Ob Hitler nun begeistert auf die Nachricht reagiert hat oder nüchtern, ob Goebbels ihm etwas eingeredet hat oder ob sich der Diktator nur noch in Wahnwelten bewegte – in seinem letzten Tagesbefehl an die deutschen Truppen vom 16. April 1945 verkündete er: »Im Augenblick, in dem das Schicksal den größten Kriegsverbrecher aller Zeiten [gemeint ist Franklin D. Roosevelt, d. Verf.] von der Erde genommen hat, wird sich die Wende dieses Krieges entscheiden.«[51] Wie viele deutsche Soldaten werden noch an diese Botschaft geglaubt haben? Vereinzelt hielt sich noch die Vorstellung, an Führers Geburtstag, dem 20. April, werde es zum massiven Schlag gegen die Feinde kommen – natürlich mit neuen Wunderwaffen.[52] Allerdings hatte wenige Stunden, bevor Hitlers letzter Tagesbefehl an die verbliebenen Wehrmachtseinheiten östlich Berlins übermittelt wurde, die mächtigste Offensive des Krieges begonnen. Mit 14.600 Geschützen und 6250 Panzern waren 2,5 Millionen Rotarmisten zum Sturm auf Berlin angetreten. Der Hauptstoß führte über die Seelower Höhen. Das letzte Kapitel hatte begonnen.

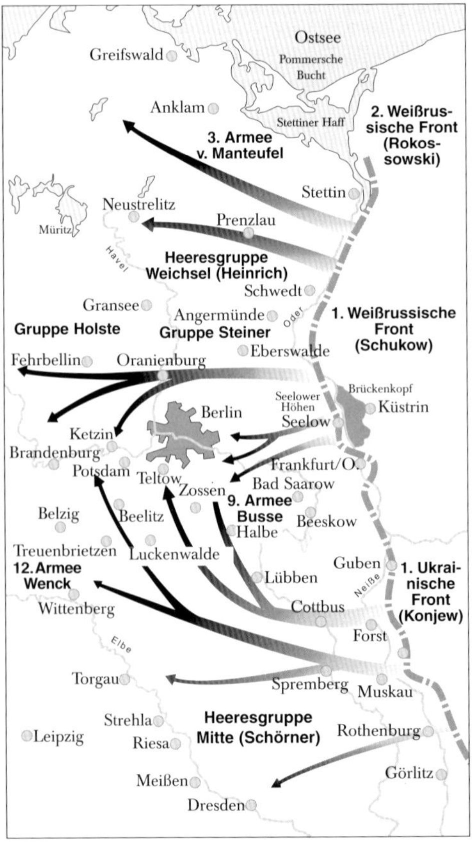

Die sowjetische Offensive auf Berlin ab dem 16. April 1945 gehörte mit 2,5 Millionen Soldaten zu den größten Angriffen der Kriegsgeschichte.

Hitlers letzter Geburtstag

»Leider nicht gerade eine Geburtstagslage«, notierte Martin Bormann kurz und knapp am 20. April 1945 in seinen Kalender.[53] Genauer hätte Hitlers engster Mitarbeiter die Situation nicht fassen können. Zwar ließ Joseph Goebbels eine große Gratulation in die wenigen noch erscheinenden deutschen Zeitungen setzen: »Der Führer ist Deutschlands tapferstes Herz« lautete die Überschrift in der Berliner Morgenpost. Und weiter: »Wir stehen zu ihm in germanischer Gefolgschaftstreue – Sie können uns quälen, aber nicht demütigen und zerbrechen!«[54] Doch solche Botschaften machten in Berlin längst keinen Eindruck mehr; auch nicht im Bunker unter der Reichskanzlei. Die Sekretärin Traudl Junge schrieb in ihren Memoiren über diesen Freitag, den 20. April: »Die ersten russischen Panzer standen vor Berlin. Der Donner der Infanteriegeschütze drang bis in das Gebiet der Reichskanzlei. Der Führer empfing die Glückwünsche seiner Getreuen. Alle kamen, drückten ihm die Hand, gelobten Treue und versuchten, ihn zum Verlassen der Stadt zu bewegen. [...] Sie alle versuchten es umsonst. Hitler wollte bleiben und abwarten.«[55] Zwar hatte der Führer einige Tage zuvor dem Drängen seiner Berater nachgegeben und offiziell den Ausbau einer letzten Verteidigungsstellung in den Alpen befohlen.[56] Doch das war nicht mehr als zögerliches Einwilligen gewesen. Die Sekretärin Christa Schroeder notierte: »Die Gratulationscour des persönlichen Stabes und der Militärs am Vormittag war im Vergleich zu früheren Jahren in sehr gedämpfter Atmosphäre erfolgt. Um so aufdringlicher war die Gratulationscour der Alliierten, indem sie fast unentwegt vom frühen Morgen bis zwei Uhr nachts rollende Luftangriffe auf Berlin flogen. Wir kamen aus dem Bunker nicht mehr heraus.«[57] Im Anschluß an die traurige Geburtstagsfeier, nachdem Hitler sich in sein Schlafzimmer zurückgezogen hatte, lud Eva Braun alle zum engsten Kreis Gehörenden hinauf in die beschädigte Wohnung im Reichskanzler-Palais, um ein letztes Fest zu feiern. Sie »wollte die Angst betäuben, die in ihrem Herzen wachgeworden war. Sie wollte noch ein einziges Mal feiern, wo es nichts zu feiern gab, tanzen, trinken, vergessen ... Ich ließ mich nur zu gerne anstecken«, berichtete Traudl Junge. »Es wurde Champagner getrunken und schrill gelacht, und ich lachte mit, weil ich nicht weinen wollte.«[58] Die letzten zehn Tage hatten begonnen.

Die Rote Armee rückte immer näher, und die vermeintlichen

Entsatzarmeen, die 12. Armee unter dem Kommando des Generals Walter Wenck und die Gruppe des SS-Führers Felix Steiner, erwiesen sich immer mehr als Fiktionen Hitlers und seiner verblendeten militärischen Berater. Beide Einheiten hatten gerade noch die Kraft zu kleinen Angriffsversuchen, aber konnten niemals Berlin schützen oder gar die sowjetischen Truppen besiegen. Bei der Lagebesprechung am 22. April 1945 kam es zum offenen Eingeständnis Hitlers, daß der Krieg verloren sei. Die Stimmung kippte endgültig. Nicolaus von Below, Hitlers Adjutant seit fast acht Jahren, erinnerte sich: »Hitler erregte sich sehr. Er befahl allen Anwesenden bis auf Keitel, Jodl, Burgdorf und Krebs, das Besprechungszimmer zu verlassen, und ließ dann eine wütende Kanonade gegen die Führer des Heeres und ihre ›langjährige Verräterei‹ vom Stapel. Ich saß vor der Tür im Nebenraum und bekam fast jedes Wort mit. Es war eine furchtbare halbe Stunde. Nach dem Ausbruch aber war er sich über das Ende im Klaren.«[59] Ein letztes Mal versuchten seine Militärs, ihn zur Flucht nach Berchtesgaden und zum Durchhalten zu bewegen. Generalfeldmarschall Wilhelm Keitel, Hitlers oberster Soldat und ihm bedingungslos ergeben, beschrieb diese Besprechung so: »Am 22. April entschloß sich der Führer, in Berlin zu bleiben. Er erklärte, daß er die Stadt auf keinen Fall verlassen und, unmittelbar die Truppen führend, den Verlauf des Schicksals abwarten werde. An diesem Tag machte der Führer auf mich einen sehr niedergeschlagenen Eindruck; bis zu dieser Zeit war mir nicht ein einziges Mal Zweifel an seiner psychischen Vollwertigkeit gekommen [...] Indessen schien es mir am 22. April, daß die moralischen Kräfte des Führers schwanden und sein innerer Widerstand gebrochen war. Er befahl mir, sofort nach Berchtesgaden zu fahren, dabei war das Gespräch auch überaus scharf und endete damit, daß der Führer mich einfach aus dem Zimmer vertrieb. Beim Hinausgehen sagte ich zu Generaloberst Jodl: ›Das ist der Zusammenbruch!‹«[60]

Hitler begann, seine Vertrauten nach und nach wegzuschicken.[61] Zuerst die Sekretärinnen Johanna Wolf und Christa Schroeder, dann seine private Köchin Constanze Manziarly, schließlich auch die Sekretärinnen Gerda Christian und Traudl Junge. Einige fügten sich und reisten ab, andere weigerten sich wie Frau Christian und Frau Junge. Ihr nach Maßstäben des Führerstaates aufrührerisches Verhalten wurde hingenommen. Gleichzeitig begann nun der Abfall auch der ehemals engsten Paladine des Führers. Hermann Göring, der seit langem an Sympathie bei Hitler verloren hatte, sandte am

23. April ein Telegramm, laut dem er sich nach einer Frist entsprechend einem fast sechs Jahre alten Entscheid Hitlers selbst zum Staatschef machen wollte. Martin Bormann drängte Hitler daraufhin, Göring unehrenhaft zu entlassen, was auch geschah. Angeblich aus Gesundheitsgründen, so vermeldeten es die letzten regimetreuen Zeitungen am 25. April, sei der Reichsmarschall von allen Ämtern »zurückgetreten«.[62]

Der Exodus ging weiter. Hermann Fegelein, Verbindungsoffizier der SS im Führerbunker, verließ am 25. April ohne Erlaubnis das Hauptquartier, soll sich gelegentlich aber noch im Bunker gemeldet und auch Eva Braun angerufen haben. Hitler ließ ihn am 27. April in seiner Wohnung in Charlottenburg verhaften, wo er angeblich mit einem Koffer voller Schmuck sowie Geld und in Begleitung einer Freundin angetroffen wurde, während seine Frau, die hochschwangere Schwester von Eva Braun, in Berchtesgaden weilte. Fegelein wurde in die Reichskanzlei gebracht und dort einen Tag später standrechtlich erschossen. »Im Zustand einer schon pathologischen Erregung nahm [Hitler] die Meldung der Exekution Hermann Fegeleins entgegen.[63] Inzwischen war ein noch spektakulärerer Verrat bestätigt worden: Am Abend des 27. April meldeten mehrere internationale Nachrichtenagenturen, SS-Chef Heinrich Himmler habe sich in Norddeutschland mit einem schwedischen Diplomaten getroffen, um einen Separatfrieden im Westen (und seine eigene Schonung) zu erwirken. Auch den am meisten gefürchteten Mann des Dritten Reiches verstieß Hitler nun und setzte ihn ab.[64]

Die letzte wichtige Nachricht, die den Führerbunker aus der Welt erreichte, war am 28. April ein weiterer Tiefschlag. Hitlers Verbündeter und italienischer Staatschef bis 1943, Benito Mussolini, war auf der Flucht in Norditalien von Partisanen aufgegriffen, in einem Dorf bei Como hingerichtet und in Mailand an den Füßen kopfüber aufgehängt worden.[65] Das gleiche Schicksal traf die Geliebte des ehemaligen Faschistenführers, Clara Petacci. Hitler reagierte darauf mit der Ankündigung des eigenen Selbstmords: »Ich will dem Feind weder tot noch lebendig in die Hand fallen. Nach meinem Ende soll mein Körper verbrannt werden und so für immer unentdeckt bleiben.«[66]

Am selben Abend begannen die letzten Verrichtungen im Bunker; Hitler diktierte einer der beiden verbliebenen Sekretärinnen ein politisches und ein privates Testament.[67] Traudl Junge erinnerte sich: »Jetzt kommt endlich das, worauf wir seit Tagen warten: Die Erklärung für das, was geschah, ein Bekenntnis, ein Schuldbekenntnis sogar, vielleicht eine Rechtfertigung. In diesem letzten Dokument des tausendjährigen Reiches müßte die Wahrheit stehen, bekannt von einem Menschen, der nichts mehr zu verlieren hat. Aber meine Erwartung wird enttäuscht. Teilnahmslos, fast mechanisch spricht der Führer Erklärungen, Anklagen und Forderungen aus, die ich, die das deutsche Volk und die ganze Welt kennen.«[68] Wer die beiden Texte liest, kann sich diesem Urteil nur anschließen.

Hitler beschloß, seine Beziehung zu Eva Braun zu legalisieren; allerdings wohl nicht aus eigenem Antrieb: »Diese Todeshochzeit ist auf ihr Drängen, auf ihre Bemühungen zurückgegangen. Hitler war ja gar nicht mehr in der Lage dazu [...] Er hätte das nie mehr gemacht [...] Der hat Ja und Amen gesagt. Hitler, von Hitler ist das nicht ausgegangen. Aber sie wollte das haben«, urteilte Herbert Döhring, der Hausverwalter des Berghofs, der Hitlers Beziehung zu Eva Braun über fast zehn Jahre hinweg genau beobachtete.[69] In der Tat heißt es im privaten Testament: »Da ich in den Jahren des Kampfes glaubte, es nicht verantworten zu können, eine Ehe zu gründen, habe ich mich nunmehr vor Beendigung dieser irdischen Laufbahn entschlossen, jenes Mädchen zur Frau zu nehmen, das nach langen Jahren treuer Freundschaft aus freiem Willen in die schon fast belagerte Stadt hereinkam, um ihr Schicksal mit dem meinen zu teilen. Sie geht auf ihren Wunsch als meine Gattin mit mir in den Tod.«[70]

Die Hochzeitszeremonie wurde formlos von einem eilig in den Hauptbunker bestellten Beamten vollzogen; Goebbels und Bormann waren die Trauzeugen, und gegen 1.30 Uhr morgens am 29. April 1945 gratulierte die engste Umgebung dem frischgebackenen Ehepaar. So hatte sich Eva Braun ihre Hochzeit sicher nicht vorgestellt; mit allem denkbaren Pomp hatte sie ein knappes Jahr zuvor die Trauung ihrer Schwerter Gretl mit Hermann Fegelein organisiert, denn diese »Hochzeit [sollte] so schön [sein], als ob es meine eigene wäre«.[71] Hitlers persönlicher Adjutant Otto Günsche erinnerte sich an die Trauung im Bunker: »Es wird so dargestellt, als wenn eine große Feier stattgefunden hat. Das war nicht so, denn ich habe gar nicht gewußt, daß geheiratet worden ist. Das ist so nebenbei geschehen, es war eine Sache von wenigen Minuten, wo ich gerade nicht im Bunker war. [...] Die Heirat Hitlers war eine ›Geste‹ seiner langjährigen Gefährtin gegenüber. Normalerweise hätte er sie nicht geheiratet. Das wußte sie auch.«[72] Am 29. April 1945 gegen 23.00 Uhr schickte Hitler einen letzten Funkspruch an die Wehrmachtsführung im Hauptquartier südlich Berlins. Noch einmal erkundigte er sich, wann die Entsatztruppen kämen. Knapp vier Stunden später antwortete Generalfeldmarschall Wilhelm Keitel, daß mit einer Besserung der Situation nicht mehr zu rechnen sei. Inzwischen waren die ersten sowjetischen Truppen nur noch knapp hundert Meter von der Reichskanzlei entfernt. Deren Kampfkommandant, der SS-Brigadeführer Wilhelm Mohnke, teilte dem Führer mit, daß man die Stellung noch einen, höchstens zwei Tage halten könnte.

Das Sterben der Höhlenbewohner

Über den Tod von Adolf Hitler und seiner Frau Eva gibt es wahrscheinlich mehr unterschiedliche Schilderungen als über den Tod jedes anderen Menschen. Der persönliche Diener Heinz Linge und der persönliche Adjutant Otto Günsche, der Chauffeur Erich Kempka, die Sekretärinnen Gerda Christian und Traudl Junge, der Chef des Reichssicherheitsdienstes, der persönlichen Leibwache Hitlers, Johann Rattenhuber, die SS-Wachleute Harry Mengershausen, Erich Mansfeld und Hermann Karnau, der Reichsjugendführer Arthur Axmann, der Telefonist Rochus Misch, der Maschinist Johann Hentschel und einige weitere Mitglieder der engeren persönlichen Umgebung des Diktators sowie erklärtermaßen aus zweiter Hand der Arzt Ernst Günter Schenck und der Propagandist Hans Fritschel[73] äußerten sich in den vergangenen beinahe sechzig Jahren zu den Vorgängen am Nachmittag des 30. April 1945, die meisten davon mehrfach und keineswegs nur in Details von ihren eigenen früheren Darstellungen abweichend. Wie so oft bei spektakulären Ereignissen der Weltgeschichte nimmt mit der Zahl der Zeitzeugenberichte nicht die Sicherheit, sondern die Unsicherheit über die genauen Umstände zu.

Über die Augenzeugenberichte hinaus gibt es die gerichtsmedizinische Untersuchung sowjetischer Militärärzte, die Anfang Mai 1945 eine männliche und eine weibliche Leiche untersuchten und feststellten, daß Adolf Hitler tatsächlich tot war. Aber untersuchten die Pathologen überhaupt die richtigen Leichen? Der identifizierte Zahnersatz lag zwar neben den Leichnamen, muß aber nicht zu ihnen gehört haben. Auch über die Obduktionen gibt es abweichende Mitteilungen, die vorwiegend politisch motiviert waren, weil Josef Stalin zunächst mit der unbegründeten Horrorvision, Hitler könnte geflüchtet sein, seine westlichen Alliierten unter Druck setzen wollte und später dem deutschen Diktator lieber einen »unehrenhaften« Selbstmord durch Gift oder den Gnadenschuß eines Adjutanten nachsagen ließ als einen »ehrenhaften«, »soldatischen Freitod« durch Kopfschuß.

Ein knappes Dutzend Untersuchungen beschäftigen sich mit den Umständen von Hitlers Ende; auch ihre Autoren können jedoch nur Indizien sammeln und diese gegeneinander abwägen.[74] Darüber hinaus behandeln sämtliche Hitler-Biographien seinen Tod ausführlich. Jeder Autor fügt seine eigenen Vermutungen, Eindrücke oder Interpretationen hinzu, so daß mittlerweile ein undurchschaubares Gespinst von Details den Blick auf die tatsächlichen Vorgänge im Bunker unmöglich macht. Wie also starben Adolf und Eva Hitler? Erschossen sich beide? Nahmen beide Gift? Schoß sich Hitler in den Mund oder in die rechte Schläfe, während Eva Braun sich vergiftete? Tötete der Führer sich gleich »doppelt«: mit Zyankali und einem Kopfschuß? Wer saß wo in Hitlers kleinem Wohnraum im Bunker? Trug Eva Hitler ein rosa geblümtes, ein dunkelblaues oder ein schwarzes Kleid? Hatte Hitler sein Goldenes NSDAP-Parteiabzeichen angelegt, oder hatte er es doch Tage vor dem Selbstmord an Magda Goebbels verschenkt? Waren die Lippen der toten Frau Hitler vom Zyankali leicht gekräuselt, standen sie offen oder waren sie im Gegenteil zusammengepreßt? Wer von der Entourage des Führers brachte die Leichen hinauf in den von Kratern übersäten Garten hinter dem zerschossenen Festsaal der Reichskanzlei? Wer verbrannte den Führer? Wer stand dabei und erwies den Toten die letzte Ehre?

Auf alle diese Fragen gibt es keine sicheren Antworten, dafür aber um so mehr phantasievolle Beschreibungen. Gesichert ist, daß das frisch vermählte Paar tatsächlich von eigener Hand starb, daß ihre Leichen bis zur Unkenntlichkeit verbrannt wurden und daß später anhand ärztlicher Untersuchungen von Zahnersatz ihr Tod eindeutig festgestellt werden konnte.

Sicher ist außerdem, daß die offizielle Verlautbarung über Hitlers Tod eine glatte Lüge war. Am 2. Mai 1945 vermerkte der offizielle Wehrmachtsbericht eine Nachricht, die schon am 1. Mai abends in ähnlichem Wortlaut über die wenigen noch sendenden Rundfunkstationen bekanntgegeben worden war: »An der Spitze der heldenmütigen Verteidiger der Reichshauptstadt ist der Führer gefallen. Von dem Willen beseelt, sein Volk und Europa vor dem Bolschewismus zu erretten, hat er sein Leben geopfert. Dieses Vorbild

›getreu bis zum Tode‹ ist für alle Soldaten verpflichtend.«[75] An dieser Mitteilung stimmte freilich gar nichts, weder das Datum noch die Umstände und schon gar nicht das Pathos. Tatsächlich starb Adolf Hitler am 30. April zwischen 15.15 Uhr und 15.50 Uhr von eigener Hand, wie seine Frau Eva, in seinem Wohnzimmer im Hauptbunker unter dem Garten der Reichskanzlei. Zuvor hatte er sich noch von seiner engsten Umgebung verabschiedet und seinem persönlichen Diener Anweisungen über den Umgang mit seiner Leiche gemacht.[76] Am Ende seines Krieges, der 50 Millionen Menschen das Leben gekostet hatte, war Adolf Hitlers größte Sorge, sein Leichnam könnte in die Hände der Roten Armee fallen und wie in einem Panoptikum ausgestellt werden.[77] Seine engsten Mitarbeiter führten den letzten Befehl ihres Führers genau aus: Sie blockierten in den entscheidenden Minuten die Tür zum Wohnzimmer im Bunker, sie schnupperten nach einiger Zeit (durch die massiven Wände und Stahltüren war beim permanenten Geräuschpegel im Bunker durch den Artilleriebeschuß ein einzelner Pistolenschuß kaum zu hören[78]) nach Pulvergeruch und betraten den Sterberaum erst, als sie tatsächlich unverkennbar einen Pistolenschuß rochen. Schließlich sorgten sie dafür, daß beide Leichen so vollständig wie möglich verbrannt wurden.

Mit dem Doppelselbstmord von Adolf und Eva Hitler war das Sterben der Höhlenbewohner noch nicht zu Ende. Gegen jede Vernunft bot Joseph Goebbels, nunmehr Reichskanzler – wenn auch nur noch über die Blocks zwischen Tiergarten und Wilhelmplatz, zwischen Spree und Potsdamer Brücke –, der Roten Armee eine Teilkapitulation an. Als das Angebot erwartungsgemäß zurückgewiesen wurde, ließ er am 1. Mai seine Frau die gemeinsamen sechs Kinder[79] zwischen drei und 14 Jahren vergiften und nahm danach zusammen mit ihr Zyankali. Auch die Todesumstände der Familie Goebbels sind umstritten, ihr Tod aber ist genauso unzweifelhaft wie das Ende von Adolf Hitler.[80] Hans Krebs, letzter Chef des Generalstabes des Heeres, und der letzte Wehrmachts-Chefadjutant Wilhelm Burgdorf erschossen sich nach einem Gelage im Kartenraum des Hauptbunkers. Franz Schädle, Chef des Führerbegleitkommandos, beging ebenfalls Selbstmord; durch eine Verletzung gehandicapt, traute er sich nicht zu, den Sowjets zu entkommen. Die restlichen Insassen des Bunkers bereiteten nach dieser Selbstmordwelle ihre Flucht vor. In der Nacht vom 1. auf den 2. Mai verließen sie in mehreren Gruppen die Ruinen an der Wilhelmstraße.[81] Mit dabei war Martin Bormann, die braune Eminenz, das eigentliche Haupt der NSDAP-Parteiorganisation. Ob er sich ausrechnete, eine Chance auf ein Leben nach der Niederlage zu haben? Ob er glaubte, unter dem neuen, von Hitler testamentarisch eingesetzten Reichspräsidenten, Großadmiral Karl Dönitz, eine Funktion übernehmen zu können? Niemand weiß es, weil es nie dazu kommen sollte. Wenige hundert Meter vom Führerbunker starb Bormann am frühen Morgen des 2. Mai 1945 in der Invalidenstraße durch Gift – er sah sich von Rotarmisten umzingelt.[82] Damit waren alle wichtigen Bewohner des Führerbunkers tot; die übrigen gerieten ausnahmslos in Gefangenschaft. Das Drama war vorüber.

Die Reste

Beweissicherung

Als über Berlin der 2. Mai 1945 dämmerte, kehrte in der Reichskanzlei und ihren beinahe leeren Bunkeranlagen ein seltsam irrealer Frieden ein. Zehn Tage lang war das Regierungsviertel dauerndem Artilleriefeuer ausgesetzt gewesen; nun schossen die sowjetischen Geschütze nicht mehr. Einen Sturm auf die Reichskanzlei wie auf den Reichstag hat es nicht gegeben. Gegen neun Uhr morgens stieß Johannes Hentschel, Chefmaschinist der Reichskanzlei und in den letzten Wochen des Dritten Reichs als Wart der Notstromaggregate im Bunker in einer Schlüsselstellung, auf eine Gruppe Rotarmisten. Die Begegnung verlief anders, als er sich das hätte träumen lassen. Denn nicht kampfbereite Männer kamen ihm im beschädigten Wirtschaftsgang zwischen Neuer Reichskanzlei und Festsaal entgegen, sondern ein rundes Dutzend uniformierte Russinnen. Sie tuschelten, kicherten und lachten, bis sie Hentschel bemerkten. Er hob sofort die Arme, um zu zeigen, daß er nicht bewaffnet war. Die meisten der uniformierten Frauen hatten große Taschen oder Seesäcke bei sich. Sie gehörten dem Sanitätskorps der Roten Armee an; es waren junge Ärztinnen und Medizinstudentinnen. Mit der Wortführerin, einer Frau um die Dreißig, die Deutsch mit leichtem Akzent sprach, kam Hentschel ins Gespräch: »Ihre erste Frage war mehr oder weniger: ›Wo ist Adolf Hitler?‹ Ich sagte, er sei tot, und beschrieb die Umstände, die Verbrennung im Hof. Sie hörte aufmerksam zu. Dann fiel eine zweite Ärztin ein, die ebenfalls Deutsch sprach, aber etwas stockender: ›Wo ist Gitlers Frau, Herr Gentschel?‹« Natürlich wußte die Russin von Eva Braun so wenig wie alle Deutschen außerhalb des engsten Zirkels. Sie nahm einfach an, der mächtige Mann müsse eine Geliebte oder Ehefrau gehabt haben. Nach einem kurzen Wortwechsel kam die Anführerin der Gruppe zu ihrem eigentlichen Anliegen: »›Herr Hentschel, wo sind die Klamotten?‹ Endlich dämmerte mir, was diese Russinnen eigentlich wollten. Der Sieger darf plündern. Nach langen, heftigen Kämpfen waren diese Kriegerinnen darauf aus, anständige Zivilkleider zu ergattern. Das war nicht schwierig. Mit einem Seufzer der Erleichterung, daß es so glimpflich abging, führte ich sie hinunter ins Ankleidezimmer von Eva Braun. Dort stand eine Kommode, die das halbe Zimmer ausfüllte, und ich nahm an, daß sie vollgestopft war mit Reizwäsche. Ihr Kleid mindestens fünfmal am Tag zu wechseln war Eva Brauns Hauptbeschäftigung im Bunker gewesen. An Frau Goebbels Zimmer dachte ich auch, aber sie hatte nicht viel Gepäck mitgebracht.«[1]

Ein US-Soldat inspiziert Anfang Juli 1945 Hitlers Schlafzimmer. Der Tresor rechts ist aufgeschweißt, vorne links ist die Tür zum Wohnzimmer zu erkennen.

Einige Stunden später rückte dann ein Kommando des Armeenachrichtendienstes »Smersch« in die Reichskanzlei ein. Ihr wichtigstes Ziel war es, die Leiche Adolf Hitlers zu finden und zu identifizieren. Die Sowjets glaubten die Nachricht vom Selbstmord nicht ohne weiteres; keinesfalls wollte man einer Falschmeldung aufsitzen und Hitler entwischen lassen. In seinem Bericht schrieb Oberstleutnant Iwan Klimenko, der das Kommando befehligte: »Es war schon später Nachmittag, und es regnete. Ich stieg in den Jeep, die Zeugen und Soldaten auf den Lastwagen. Wir fuhren vor der Reichskanzlei vor, gingen in den Garten und langten vor dem Notausgang des Führerbunkers an. Kaum näherten wir uns diesem Ausgang, da schrie einer der Deutschen [der Zeugen, die Klimenko mitgebracht hatte, um ihm bei der Suche nach Hitler zu helfen – es handelte sich um den ehemaligen Marine-Verbindungsoffizier Hitlers, Vizeadmiral Hans-Erich Voß, den Garagenmeister Karl Schneider und den

Küchenchef Wilhelm Lange, d. Verf.] laut auf: ›Das ist die Leiche von Goebbels! Da ist die Leiche seiner Frau!‹ Ich beschloß, diese Leichen mitzunehmen.«[2] Damit hatte die erste Untersuchung ein Ziel erreicht und wurde vertagt. Am nächsten Tag, am 3. Mai 1945, wurden im Bunker dann von anderen Rotarmisten die Leichen der sechs Goebbels-Kinder und von General Krebs gefunden.[3] Bald darauf betrat Klimenko erstmals selbst die unheimliche Betonhöhle, begleitet von Voß: »In der Reichskanzlei stiegen wir in den Bunker hinab. Es war dunkel. Wir beleuchteten den Weg mit Taschenlampen. Voß benahm sich etwas schrullig, war nervös und sprach Unverständliches. Dann stiegen wir hinauf und gerieten in den Hof, unweit des Notausgangs.«[4]

Über die Geschehnisse im Führerbunker während der kommenden acht Wochen ist wenig bekannt. Immer wieder durchsuchten offensichtlich Sowjets die Räume; in dieser Zeit wurden auch die Tresore in Hitlers Schlafzimmer und im kleineren der beiden Bunker unter der Neuen Reichskanzlei aufgeschweißt. Mindestens im Privatsafe Hitlers dürfte aber nichts Wesentliches mehr gelegen haben, weil seine persönlichen Papiere bereits eine Woche vor seinem Tod nach Berchtesgaden gebracht und dort verbrannt worden waren. Langsam sickerte nun Grundwasser ein; seit die Stromversorgung unterbrochen war, funktionierten die Pumpen nicht mehr. Fotos aus dem Bunker in diesen ersten Wochen der Besetzung sind bislang nicht bekannt geworden; von ausführlichen Untersuchungen der Räumlichkeiten gibt es bisher keine bekannten Berichte. Vorerst konzentrierten sich die sowjetischen Nachrichtenoffiziere ganz darauf, die Leiche Hitlers zu identifizieren, was ihnen anhand gefundener Brücken schließlich auch gelang, die von Hitlers Zahntechniker und einer Zahnarzthelferin eindeutig wiedererkannt wurden.[5]

Alliierte Schaulustige

Die nächsten Berichte und die ersten Fotos vom Inneren des Führerbunkers stammen von Anfang Juli 1945. Zu diesem Zeitpunkt waren entsprechend der Übereinkunft von Jalta britische und amerikanische Truppeneinheiten in Berlin eingerückt, um Teile der von den Sowjets eroberten Reichshauptstadt als eigene Besatzungszonen zu übernehmen. Am 4. Juli 1945 traf der US-Journalist James O'Donnell in Berlin ein. Er wollte in die längst legendenumwobene Regierungszentrale und machte mit zwei GIs in einem vorüberfahrenden Jeep ein Geschäft: Er leitete sie durch die zerbombte Innenstadt und ließ sich dafür an der Reichskanzlei absetzen. Es wurde eine Fahrt mit Hindernissen: »An diesem Tag hätten wir den Drei-Meilen-Trip schneller in einem Sherman-Panzer oder einem Bulldozer geschafft.« Doch schließlich gelangte O'Donnell tatsächlich in den Garten der Reichskanzlei. »Ich kam zu einem rechteckigen, bräunlichen Zementblock, vielleicht 20 Fuß hoch, mit einem annähernd rechteckigen Eingang und einem kleinen Vestibül. Das war der wenig bemerkenswerte Eingang zum Bunker, der mehr so aussah wie ein alter, verwitterter Unterstand in der Maginot- oder der Siegfriedlinie. Ein einzelner russischer Soldat, bewaffnet, aber freundlich, stand Wache. Zuerst hatte ich Sorge, er könnte Befehl haben, Schaulustige zurückzuweisen. Nein, er wollte mir nur einen Schnappschuß seiner Freundin zeigen, die weit weg in Rußland war. Er war nur ein gemeiner Soldat, aber er trug stolz sein Stalingradabzeichen.«

Mit einem Päckchen Camel erkaufte sich O'Donnell den Zutritt. Am Fuß der Treppe traf er einen zweiten Rotarmisten, der sein Quartier in einem Raum aufgeschlagen hatte, dessen Wände und Decke verkohlt, dessen Boden mit grauer Asche bedeckt und dessen »blaue, friesische Wandfliesen« verrußt waren. Keiner der beiden wußte zu dieser Zeit, daß dies Hitlers Arbeitszimmer war. O'Donnell inspizierte den Bunker; ihm fiel neben der Dunkelheit und der Feuchtigkeit vor allem der Gestank negativ auf. Die Frischluftversorgung war schon lange ausgefallen, Ratten krabbelten über den Boden, Verwesungsgeruch hing in der Luft. »Ich wunderte mich, wie die russischen Soldaten es in dieser Atmosphäre aushielten. Bald verstand ich es: Die beiden Wachen wechselten sich jede Viertelstunde ab.«[6]

In den folgenden Tagen suchten etliche alliierte Soldaten und Offiziere, nur zum Teil in offiziellem Auftrag, den Bunker auf. Insbesondere die Schlafzimmer von Eva Braun und Hitler wurden intensiv besichtigt; GIs und Rotarmisten saßen Probe auf dem Sofa im Wohnzimmer des Führers. Eine ganze Serie von Fotografien, die am 6. Juli 1945 entstand, vermittelt den besten Eindruck, wie es im Führerbunker aussah. Die Räumlichkeiten wirken auf diesen Aufnahmen hell erleuchtet, was jedoch täuscht: Die Fotografen benutzten Blitzlichter. Die übrigen Besucher dagegen waren weiter auf Taschenlampen oder Petroleumlaternen angewiesen. Angesichts der schlechten Lichtverhältnisse sind viele irreführende Beschreibungen der Bunkeranlage verständlich.[7] So gab es in Hitlers Arbeitszimmer keine friesischen Wandfliesen, wie O'Donnell meinte, wohl aber ein blauweiß gemustertes Sofa. Ein Foto zeigt US-Soldaten, die mit Hilfe von Kerzen versuchen, an diesem Sofa Spuren zu entdecken. Tatsächlich fanden sie an der rechten Lehne große Blutspritzer, die mit dem Hergang des Selbstmordes, wie ihn die gefangengenommenen Mitglieder des innersten Zirkels schilderten, übereinstimmten.

Ein sowjetischer Soldat sitzt Probe auf Hitlers Sofa. Der Boden ist bereits von eingesickertem Wasser bedeckt.

Der britische Premierminister Winston Churchill war der ranghöchste alliierte Besucher des Führerbunkers. In seinen Memoiren schilderte er seine Besichtigung am 14. Juli 1945: »Anschließend wanderten wir eine gute Weile durch die zerstörten Korridore und Säle der Reichskanzlei. Unsere russischen Führer brachten uns in Hitlers Luftschutzbunker, wo ich mich bis ins unterste Stockwerk begab und den Raum besichtigte, in dem sich Hitler und seine Geliebte das Leben genommen hatten; als wir wieder hinauf kamen, zeigte man uns auch die Stelle, wo seine Leiche verbrannt worden war. So nahm ich an Ort und Stelle die beste zu jener Zeit erhältliche

Schilderung des letzten Teils der Tragödie entgegen.«[8] An jenem Tag war auch Alexander Cadogan im Bunker, der ständige Unterstaatssekretär im Foreign Office und damit der höchste britische Berufsdiplomat: »Leider funktionierte das elektrische Licht nicht, und es war nicht einfach, im Licht einer Taschenlampe eine gute Sicht zu bekommen. Uns wurde der Raum gezeigt, in dem Hitler gestorben sein soll. Hinter der nächsten Tür war ein anderer Raum, der Eva Braun gehört haben soll. Auf einem Tisch war noch eine Vase mit einem Zweig darin, der offensichtlich ein Blütenzweig war.«[9] Trotz der schlechten Sichtverhältnisse war Cadogan die umfunktionierte Champagnerflasche aufgefallen, die auf Eva Brauns Kommode (nicht auf dem Tischchen in ihrem Zimmer) stand und auf einem Foto von Anfang Juli eindeutig zu erkennen ist.

Der britische Premier Winston Churchill (Mitte, mit Schirmmütze und Zigarre) am 14. Juli 1945 vor dem Gartenausgang des Führerbunkers.

Ein US-Soldat inspiziert Eva Brauns Schlafzimmer am 6. Juli 1945. Auf der Kommode rechts steht eine als Vase genutzte Champagnerflasche.

In den folgenden Wochen und Monaten besuchten immer wieder westliche Politiker, Generäle, Diplomaten und ganz normale Soldaten den Bunker. Am 16. Mai 1946 fand eine weitere, diesmal mit allen technischen Möglichkeiten ausgestattete Tatortbesichtigung statt.[10] Diesmal nahmen die Rotarmisten bis auf den Millimeter genau Maß; insbesondere für die Flecken auf dem Sofa in Hitlers Wohnzimmer interessierten sie sich: War es wirklich Blut? Die mikrobiologische Untersuchung in Moskau wies das eindeutig nach.[11] Damit endeten die offiziellen Untersuchungen im Führerbunker; am Tod Adolf Hitlers konnte es keinen vernünftigen Zweifel mehr geben, auch wenn immer fraglich blieb, ob die als sein Körper identifizierte »Leiche Nr. 12« tatsächlich die sterblichen Überreste des Diktators waren. Das weitere Schicksal dieses Leichnams ist umstritten; entweder wurde er verbrannt und die Asche verstreut oder aber bis 1970 auf einem sowjetischen Stützpunkt bei Magdeburg aufbewahrt und erst dann verbrannt. Das Schädelfragment, das im Mai 2000 in einer Ausstellung in Moskau gezeigt wurde, stammte jedenfalls mit größter Wahrscheinlichkeit nicht von Hitler.[12]

Stufen der Zerstörung

In den folgenden anderthalb Jahren war der Bunker ein beliebtes Ausflugsziel für westliche Besucher; wer sich mit dem nötigen Nachdruck bei den sowjetischen Wachen darum bemühte, durfte meistens in die Betonhöhle hinuntersteigen. Am 20. April 1947 zum Beispiel kamen amerikanische Geschäftsleute, einen Monat später einige US-Journalisten auf Europareise.[13] Doch die Spannungen zwischen Westalliierten und der Sowjetunion nahmen zu. Weil die Rote Armee ihren westlichen Partnern nicht den Zugang zu ihrem Sektor verweigern durfte und weil ihnen die gruselige Touristenattraktion unter den Ministergärten ein Dorn im Auge war, bereitete sie die Zerstörung des Bunkers vor. Im Spätherbst 1947 schafften sowjetische Soldaten alles an Beutemunition in den Hauptbunker, was sie auftreiben konnten; hochexplosiver Sprengstoff sollte die Ladung zur Explosion bringen und den Bunker endgültig zerstören. Als die Pioniere der Roten Armee jedoch am 11. Dezember ihre Zünder hochgehen ließen, wurden zwar der Betonblock um den Garteneingang und die beiden Betontürme zerrissen. Zerstört werden konnte der Bunker auf diese Weise allerdings nicht: Als nunmehr beschädigter, aber weiterhin begehbarer Raum blieb er achteinhalb Meter unter der Erdoberfläche bestehen. Daraufhin verfüllten die Sowjets die Eingänge und ließen die zerfetzten oberirdischen Reste einfach liegen. Auf Fotos des Areals aus den späten vierziger und fünfziger Jahren ist stets der Konus des Belüftungsturms zu erkennen.[14] 1949 ließ die Rote Armee dann die Ruinen der Neuen Reichskanzlei und aller Nebengebäude abreißen; nichts sollte mehr an den gescheiterten Welteroberer Hitler erinnern. Mit dem aus Speers gigantischem Bau geretteten roten Marmor wurden der nahegelegene U-Bahnhof Mohrenstraße, das sowjetische Ehrenmal in Treptow und möglicherweise auch die Eingangshalle der Humboldt-Universität ausgestattet.[15] Ausgerechnet die Reste der oberirdischen Anlagen des Bunkers blieben aber liegen – sie zu beseitigen, wäre zu teuer gewesen.

Ende der fünfziger Jahre unternahm die DDR-Regierung den nächsten Versuch, Hitlers Bunker verschwinden zu lassen. Anfang Juni 1959 meldeten West-Berliner Zeitungen: »Führerbunker wird gesprengt« und »Mit Preßluft gegen Bunker-Reste«.[16] Das Gelände solle in einen Volkspark verwandelt werden, wußten die Blätter zu berichten, und damit die Reste des Führerbunkers aus dem Stadtbild getilgt werden.

Blick auf den gesprengten Zugang zum Führerbunker, vor 1959.

Vorbereitung zur Sprengung 1959: In die Decke des Vorbunkers werden Löcher für Dynamitladungen gebohrt.

Mit Bohrern wurden Sprenglöcher in die Decken des Vor- und wohl auch des Hauptbunkers getrieben; am 18. Juni wurde zum ersten Mal gesprengt.[17] Allerdings scheiterten die Abbrucharbeiten: »Vor dem Hitlerbunker kapituliert«, berichtete die »Welt« Anfang Oktober 1959 hämisch über die Ost-Berliner Bemühungen.[18] Die Sprengungen hätten ein Vielfaches der Summe verschlungen, die man dafür veranschlagt hatte, ohne den gewünschten Effekt zu erzielen. Nun entschied man sich, über dem zerstörten Eingangsbauwerk und dem zerfetzten Betonturm einen Hügel aufzuschütten, wie zuvor schon um die beiden gesprengten Flaktürme im Friedrichshain.[19] Anders als geplant, wurde freilich die künstliche Erhebung nicht begrünt, weil das Areal seit dem 13. August 1961, der Abriegelung der drei westlichen Sektoren, zum Todesstreifen östlich der Berliner Mauer gehörte. Das Gelände zwischen der ehemaligen Königgrätzer Straße, die von den Nazis in Hermann-Göring-Straße umbenannt wurde und heute Ebertstraße heißt, und der Wilhelmstraße wurde innerstädtisches Grenzgebiet. Die Hinterlandmauer errichteten die DDR-Grenzer zwar nicht direkt an der Bauflucht der einstigen Regierungsmeile, sondern führten sie zwischen 50 und 150 Meter weiter westlich quer durch die ehemaligen Ministergärten. Aber trotzdem war mit den verbliebenen Flächen auf der Westseite der Wilhelmstraße nicht mehr viel anzufangen. Ein Parkplatz und eine Kindertagesstätte wurden errichtet; beides waren eher vorläufige Bauten. Von den Aussichtstürmen, die auf westlicher Seite am Potsdamer Platz bald nach dem Mauerbau errichtet worden waren, war der Hügel über den Resten des Führerbunkers gut zu sehen; statt im Bewußtsein der westlichen Berlin-Besucher zu verblassen, wuchs dieser absolut unzugänglichen Stätte so etwas wie morbider Charme zu.[20]

»Untertägige Anlagen«

Einigermaßen morbid waren auch die Motive, die zur aufwendigsten Untersuchung der Bunker unter den Ministergärten überhaupt führten. Nachdem West-Berliner Zeitungen Ende der sechziger Jahre über die Wiederentdeckung von Tunneln und Bunkeranlagen aus dem Zweiten Weltkrieg unter dem Tiergarten, am Reichstag und an anderen Orten in direkter Nähe der Sektorengrenze berichtet hatten, wuchs bei den Sicherheitsbehörden der DDR die Befürchtung, durch solche »untertägigen Anlagen« könnten einerseits Spione und Saboteure unkontrolliert nach Ost-Berlin gelangen, vor allem aber DDR-Bürger aus dem »demokratischen Teil« der zerrissenen Stadt flüchten. Der erste ausführliche Bericht der zuständigen Abteilung im Ministerium für Staatssicherheit, der Bezirksverwaltung für Groß-Berlin VII Referat 2 datiert von Mitte Mai 1969.[21] In großem Umfang sammelten die Stasi-Offiziere zunächst Ausschnitte aus westlichen Zeitungen, Kopien aus Büchern über die letzten Tage des Krieges und Zeugenaussagen von ehemals hier Beschäftigten oder von Mitarbeitern von Baufirmen, die am Abbruch der Ruinen beteiligt waren. Gegraben wurde vorerst noch nicht; zunächst wollten die gründlichen Beamten sich aus den verfügbaren Informationen ein Bild machen. Am 24. Juli 1972 dann wurde eine dreiseitige »Konzeption zur weiteren Aufklärung und Untersuchung der im Bereich Brandenburger Tor bis Ministerium für Verkehrswesen (Stadtbezirk Mitte) vorhandenen untertägigen Anlagen« vorgelegt.[22] Um sie umzusetzen, richtete die Bezirksverwaltung eine Arbeitsgruppe aus fünf Stasi-Offizieren, einem SED-Funktionär und einem Beauftragten des Ost-Berliner Oberbürgermeisters ein. Sie bekamen ein Baukommando von sechs »Genossen« unter Leitung eines MfS-Unteroffiziers zugeteilt.[23]

Am 10. Dezember 1972, kein halbes Jahr nach Bildung der Arbeitsgruppe, verfaßte ein MfS-Offizier einen »Zwischenbericht« über den Stand der »Aufklärungsarbeiten von untertägigen Anlagen«. Das Gelände der Ministergärten sei geradezu »gespickt« mit unterirdischen Bauten, über deren genaue Lage keine Unterlagen aufzutreiben seien. Einige dieser Anlagen seien mit Trümmern verfüllt worden, andere gesprengt oder verschüttet. Zu diesem Zeitpunkt hatte die Arbeitsgruppe zwischen Pariser Platz und Leipziger Straße erst fünf Bunker sicher nachgewiesen; mindestens zehn weitere wurden noch vermutet. Insgesamt lagen Indizien und Zeugenaussagen für bis zu 50 solche Bauten vor. »Es muß eingeschätzt werden, daß die Prüfung aller Hinweise über unterirdische Anlagen und Gänge, die sich, sofern überhaupt vorhanden, überwiegend im Grenzgebiet und bis unter die pioniertechnischen Anlagen der Staatsgrenze und darüber hinaus erstrecken können, eine unberechenbar zeitaufwendige, aber notwendige Aufgabe darstellt, die beträchtliche Kräfte und Mittel bindet.«[24]

Tatsächlich begannen nun umfassende Sondierungen. In einem undatierten Bericht heißt es: »Im Zeitraum bis zum 15. Januar 1974 wurde ein Gebiet von 36.500 Quadratmeter im Bereich Voßstraße/

Otto-Grotewohl-Straße in der Tiefe zwischen drei und sechs Metern untersucht. Schwerpunkte waren ca. 250 Meter entlang der Voßstraße in einer Breite von 50 Meter (ehemalige Neue Reichskanzlei) und ca. 300 Meter entlang der Otto-Grotewohl-Straße in einer Breite von 80 Metern (Gebiet der ehemaligen Alten Reichskanzlei, des ehemaligen Außenministeriums und des sogenannten Führerbunkers).« Entdeckt wurden unter anderem eine Anlage mit geschätzten Innenmaßen[25] von 60 mal 25 Metern und eine von 110 mal 25 Metern, mehrere Keller für technische Zwecke, eine stabile kleine Bunkeranlage mit Tresorraum unter dem ehemaligen Außenministerium und »ein großer Luftschutzbunker (ehemaliger sogenannter Führerbunker). Die oberen Teile sind zum Teil erhalten, im weiteren stark zerstört – die Aufklärung ist noch nicht abgeschlossen.«[26]

Abgeschlossen noch nicht, wohl aber bereits in vollem Gange. Anfang 1973 begannen Ausschachtungen im südöstlichen Bereich des gut 13 Jahre zuvor aufgeschütteten Hügels über den Resten des Führerbunkers. Die Bauarbeiter stießen bald auf massive Stahlbetondecken und auf den ehemaligen Haupteingang in den Vorbunker, der einst vom Kellergeschoß unter dem Festsaal der Alten Reichskanzlei aus zu betreten gewesen war. Inzwischen war die Anlage aber weitgehend mit Grund- und Regenwasser vollgelaufen und mußte erst leergepumpt werden. Systematisch nahmen die Mitglieder der Arbeitsgruppe nun die Maße des Vorbunkers auf und dokumentierten ihre Untersuchungen mit zahlreichen Fotos nahezu jedes einzelnen Raumes. Ihre Skizzen geben recht genau die Innenmaße wieder und zeigen, daß am Vorbunker, wahrscheinlich im Zusammenhang mit der Errichtung des Hauptbunkers, umfangreiche Umbauarbeiten vorgenommen wurden. Im Vorbunker standen noch die massiven, 40 bis 50 Zentimeter starken Innenwände, die verbliebene Einrichtung war durch den jahrelangen hohen Wasserstand verrottet.

Immerhin machten die Stasi-Offiziere im Juli 1973 noch zwei Entdeckungen: Sie fanden die Doppelstockbetten, in denen die sechs Kinder des Ehepaars Goebbels die letzten zehn Tage ihres kurzen Lebens schliefen, in denen sie starben und in denen ihre Leichen gefunden wurden – und sie stießen auf die Reste von geschätzt etwa 15.000 Blatt Papier: »Mehrere Räume des unterirdischen Bauwerkes sind mit einer schlammartigen Masse ehemaligen Bunkerinventars knöcheltief bedeckt [...] Ein aus der Masse herausgelöstes Buch fiel besonders durch seine großen Schriftzeichen auf. Es enthält Tagebuchseiten, auf denen mit Schreibmaschine geschriebene Lageberichte von verschiedenen Frontabschnitten vom Juni 1944, Berichte oder Gespräche oder anderweitige Äußerungen von vermutlich hohen Offizieren der faschistischen deutschen Wehrmacht bzw. des Stabes festgehalten sind.«[27] Anders als in diesem von Unterleutnant Nickel verfaßten Bericht vermutet, handelte es sich nicht um Schriftstücke, die für den kurzsichtigen Hitler auf einer Schreibmaschine mit besonders großen Typen geschrieben worden waren, sondern um Fragmente der als Goebbels-Tagebücher bekannt gewordenen täglichen Diktate des Reichspropagandaministers. Was von den Unterlagen zu retten war, wurde aus dem Vorbunker geschafft.

Blick in den Vorbunker 1973. Klar zu erkennen sind die unterschiedlichen Wasserstände im jahrzehntelang überschwemmten Luftschutzkeller sowie die Stärke der Innenwände.

Als weitaus schwieriger und auch gefährlicher erwiesen sich die Untersuchungen des tiefer gelegenen Hauptbunkers. Der sowjetische Sprengversuch von Dezember 1947 hatte, wie sich jetzt zeigte, nicht nur den gartenseitigen Eingang zerstört, sondern auch sämtliche

Innenwände und sogar die aus massiven Stahlträgern bestehende, zusätzliche Innendecke heruntergerissen. Die zahlreichen Bilder der Stasi-Akte über den Führerbunker zeigen eine düstere, rechtwinklige Höhle, in der gewaltige Betonplatten liegen, in der an mehreren Stellen tiefe Risse in Wänden und Decke zu erkennen sind und an einigen Stellen starke Armierungseisen in grotesken Winkeln aus dem Beton herausragen. Auf einem Bild ist eine der großen Luftfiltertonnen zu erkennen, die im Frühjahr 1945 die Bunkerinsassen vor Gasangriffen schützen sollten. Das Bild der Verwüstung macht deutlich, mit welcher Gewalt die von der Roten Armee im Hauptbunker aufgestapelte Beutemunition ein Vierteljahrhundert zuvor detoniert sein muß.[28] Gleichzeitig beweisen die wenig beschädigte Hauptdecke und die nach Jahrzehnten im Grundwasser immer noch intakten Außenwände, in welchen Dimensionen Piepenburg gebaut hatte.

Wegen der Verwüstung des Hauptbunkers, die jede Untersuchung zum Risiko machte, konnte die Arbeitsgruppe des MfS dort nicht annähernd so genaue Maße nehmen wie im Vorbunker. Auf der auf den 11. April 1974 datierten Grundrißzeichnung des gesamten Führerbunkers im Format DIN A1 fällt daher sofort der Unterschied von erhaltenen kleinen Räumen im oberen, älteren Bunkerteil zu der nicht unterteilten Fläche des jüngeren, tiefer gelegenen Teils auf.[29] Wegen der herumliegenden Trümmer konnten die Stasi-Offiziere nicht einmal zuverlässige Maße der Gesamtfläche nehmen; sie blieben bei Schätzungen, die trotzdem das genaueste sind, was heute über die Dimensionen des Hauptbunkers bekannt ist. Von der Inneneinrichtung hatte naturgemäß nichts den Sprengversuch überstanden; der Explosionsdruck, der halbmeterstarke, in Boden und Decke verankerte Betonwände umwarf, pulverisierte sämtliche vorhandenen Gegenstände.

Da die Untersuchung des MfS einen klaren Zweck hatte, nämlich die Existenz von unterirdischen Verbindungen zwischen Ost- und West-Berlin auszuschließen, genügte den Stasi-Offizieren die Erkenntnis, daß es keinerlei Gänge vom Führerbunker zu anderen Kellern oder Bunkern gab, keine geheimen »untertägigen« Straßen zum Flughafen Tempelhof oder zum Schloß Charlottenburg und vor allem keine weiteren Geschosse unter den inspizierten Räumen. Insgesamt waren im untersuchten Areal 17 unterirdische Bauwerke entdeckt worden, die sich zum Teil allerdings als ganz normale Keller erwiesen.[30] Ein Gangsystem oder ähnliches gab es nicht. In der abschließenden Dokumentation heißt es: »Nach Auswertung von vorhandenen Materialien und den Ergebnissen der Untersuchungs- und Aufklärungstätigkeit, die eine sachliche Beurteilung der untertägigen Anlagen im Bereich der ehemaligen faschistischen Reichskanzlei ermöglichen und eine Reihe von Vermutungen und Versionen ausschließen, kann folgende realistische Einschätzung an Hand sachlicher Fakten und logischer Argumente getroffen werden. [...] Kein unterirdisches Objekt war mehrstöckig ausgelegt, keines war tiefer als sechs Meter mit seiner Sohle [hier irrt die Dokumentation; die Unterlagen der Arbeitsgruppe erweisen eindeutig, daß der jüngere Bauteil des Führerbunkers seine Sohle in 8,50 Meter Tiefe unter Boden hatte, d. Verf.]. Verbindungen bestanden lediglich durch normale Kellergänge, die teilweise sogar bis in die Erdgeschosse des Nachbarobjekts gingen, von denen man wieder die Kellersohle erreichte. So wird auch verständlich, warum Augenzeugen und Personen, die in den unterirdischen Anlagen irgendwelche Aufgaben hatten, von einem ›komplizierten Labyrinth‹ sprechen. Wenn man treppauf, treppab, über Kellergänge und Luftschutzbunker ›unterirdisch‹ von einem Objekt in das andere gelangte, noch dazu an jeder Treppe und Biegung kontrolliert wurde, so ist es logisch, daß der Überblick verwirrt wird.«[31]

Blick in den Hauptbunker. Die Innendecke und sämtliche Zwischenwände sind zerstört und machen die Erkundung zum gefährlichen Abenteuer. Fotos aus dem Bericht der Stasi-Untersuchungskommission vor 1973.

Gesamtansicht der Reste des Hauptbunkers 1973. Im Vordergrund eine der Luftfiltertonnen — das einzige Stück der Inneneinrichtung, das die Explosion im Dezember 1947 fast unversehrt überstand.

Über den wichtigsten Teil der Luftschutzräume unter den Ministergärten, den Führerbunker, heißt es im Abschlußbericht: »Verschiedene Autoren, von sowjetischen Augenzeugen bis zu ehemaligen Mitgliedern der Naziprominenz, haben über das unterirdische System geschrieben. Besondere Beachtung gewann in der Regel der Hitlerbunker. Über die Lage gab es volle Übereinstimmung. Die bei den Aufklärungsarbeiten gefundene Anlage befindet sich genau an der angegebenen Stelle.« Wichtig war der Arbeitsgruppe, jede Möglichkeit eines weiteren, an anderer Stelle oder tiefer gelegenen Führerbunkers auszuschließen. Um ganz sicher zu gehen, schlug der Abschlußbericht weitere Stichgrabungen an zwei Stellen vor: einmal westwärts (im SED-Jargon: »feindwärts«) vom Hügel über dem zerstörten Bunkereingang bis in eine Tiefe von 16 Metern und einmal an der Nordwand des Hauptbunkers bis in eine Tiefe von zwölf Metern.[32] Ob diese beiden Grabungen stattgefunden haben, verraten die überlieferten Berichte nicht; jedenfalls folgten keine sonstigen Maßnahmen.[33]

Tiefenttrümmerung

Die Mauer quer durch die Großstadt war eine schwärende Wunde, die nicht verheilen konnte, solange die deutsche Teilung andauerte. Den Funktionären der SED jedoch war offenbar besonders der Hügel über den Resten des Führerbunkers, zwischen den auf Ost-Berliner Gebiet gelegenen und deshalb nur aus der Distanz zu betrachtenden Touristenzielen Brandenburger Tor und Leipziger Platz, ein Dorn im Auge. Ausgerechnet dieses Gelände von der Hinterlandmauer in den Ministergärten bis zur Friedrichstraße wurde für die beschleunigte Fertigstellung neuer Wohnungen vorgesehen. Am 17. Januar 1984 faßte das SED-Politbüro einen entsprechenden Beschluß, den der DDR-Ministerrat pro forma neun Tage später in eine regierungsoffizielle Anweisung umsetzte. Im wesentlichen, so hieß es in dem Beschluß, seien die Arbeiten bis 1988/89 abzuschließen.[34] Von Beginn an allerdings war den Politbürokraten klar, daß an dieser Stelle keine gewöhnlichen Plattenbauten errichtet werden könnten.

Die Grenzanlage in den ehemaligen Ministergärten 1983. Äußere Mauer. Todesstreifen. Innere Mauer. In der Bildmitte unmittelbar südlich der Bäume ist der Hügel über den Resten des Führerbunkers zu erkennen. Unten das Oktogon des Leipziger Platzes.

Deshalb wurde zur Planungsvorgabe gemacht, daß eine deutlich höhere Qualität als bei den standardisierten Hochhäusern aus der »Wohnungsbauserie 70« anzustreben sei: »Dieser in Grenznähe zu West-Berlin angelegte Komplex sollte ein in sich geschlossenes und angenehmes Wohnareal vor allem für Priviligierte, aber nur für einige wenige ›Normalbürger‹ der DDR werden. Über die Vergabe der Wohnungen entschied vor allem der Magistrat und nur zu einem kleinen Teil der Bezirk Mitte selbst.«[35]

Das mag einer der Gründe gewesen sein, warum dieses Großprojekt in der DDR-Fachpresse kaum dokumentiert wurde. Lediglich ein Artikel verwies auf die neuartige Planung der Fassaden mittels Computern.[36] Ein weiterer Grund mag gewesen sein, daß die DDR-Behörden nicht zu viel Aufmerksamkeit auf die unvermeidlichen Vorarbeiten der Neubebauung lenken wollten: auf die Tiefenttrümmerung des Areals. Von eigenständigen Untersuchungen des Bezirks Mitte oder des mit dem Bau beauftragten VEB Wohnungsbaukombinat Fritz Heckert ist nichts bekannt. Wahrscheinlich also stützten sich die Bauvorbereitungen auf den Plan der unterirdischen Anlagen, der 1973/74 vom Ministerium für Staatssicherheit erarbeitet worden war.[37] Anfang 1988 begannen die Arbeiten; wie und warum die britische militärhistorische Fachzeitschrift »After the Battle« davon erfuhr, ist unbekannt. Jedenfalls schickte das Blatt den Fotografen Tom Posch nach Ost-Berlin, der tatsächlich eine Erlaubnis zur Besichtigung der Anlagen bekam und unmittelbar nach der Öffnung des Führerbunkers einige Fotos machte.[38] Auch der britische, in Berlin lebende Autor Tony Le Tessier und der Ost-Berliner Klaus Topel suchten das Areal auf.

Es gibt einen reichen Fundus an Dokumentationsmaterial über die Tiefenttrümmerung der Anlagen unter dem Festsaal des Reichskanzler-Palais und unter der Neuen Reichskanzlei; ihre Existenz ist das Verdienst des Ost-Berliner Malers, Grafikers und Illustrators Erhard Schreier, der ab Mai 1988 unter erheblichem persönlichen Risiko mehrere Monate lang fast jeden Tag in und vor allem unter den Ministergärten verbrachte.[39] Mit beachtlicher Frechheit ergatterte Schreier vom Magistrat von Ost-Berlin sogar eine offizielle Erlaubnis. Was ihm allerdings nicht unangenehmen Besuch ersparte: Das Ministerium für Staatssicherheit wurde auf den gewitzten Künstler aufmerksam. Er konnte die Ermittler jedoch mit der ausweichenden Angabe abwimmeln, seine Skizzen und Fotos wolle er dem DDR-Militärarchiv in Potsdam anbieten. Schreiers Privatsammlung umfaßt über tausend Fotos der Abbrucharbeiten; unter anderem Bilder der Zwischenwände im Vorbunker, die nach dem diesmal schrittweisen und daher erfolgreichen Absprengen der Decke entstanden, sowie Aufnahmen aus dem Hauptbunker, die eindrucksvoll den Grad der Zerstörung durch den Sprengversuch im Dezember 1947 zeigen. Metertiefe Risse im Beton am Deckenansatz sind darauf zu erkennen. Die Aufnahmen der halb gesprengten Bunkerdecke zeigen den enormen Einsatz von Armierungseisen; für eine bautechnische Untersuchung der Bunkeranlage bieten seine Fotos eine gute Grundlage. Vielleicht noch wichtiger sind Schreiers künstlerische Umsetzungen seiner Eindrücke; sie vermitteln einen intuitiv treffenden Eindruck von den Räumlichkeiten des Führerbunkers.

Erhard Schreier neben den Resten des Gartenausgangs. Der Ost-Berliner Künstler dokumentierte 1988 unter erheblichem persönlichen Risiko im Grenzgebiet die Tiefenttrümmerung der Ministergärten.

Zeitgleich mit den Abbrucharbeiten begann die Errichtung der neuen Plattenbauten entlang der Wilhelmstraße.[40] Übrigens wurden nicht nur Teile des Führerbunkers beseitigt, sondern auch die Bunkeranlagen des Auswärtigen Amtes, mehrere Bauten unter dem Garten des ehemaligen Reichspräsidenten-Palais sowie der Kleine Bunker der Neuen Reichskanzlei direkt an der Voßstraße. Der weiter westlich gelegene Große Bunker dagegen wurde nur teilweise tiefenttrümmert – aus rein praktischen Erwägungen: Die Neubauten sollten, auch wenn sie überwiegend für Angehörigen der DDR-Elite bestimmt waren, natürlich nur bis an den Rand der sogenannten Hinterlandmauer reichen. Deshalb wurden die Enttrümmerungsarbeiten entlang dieser Sperranlage abgebrochen. Der SED ging es nicht um die Beseitigung der Geschichte; als der vermeintlich »bessere deutsche Staat« hatte man den gedanklichen Schlußstrich längst gezogen. Vielmehr war ihr vorrangiges Interesse, durch die Bebauung der offenen Wunde Wilhelmstraße die eigenen Bürger die Absurdität der Mauer quer durch die Metropole wenigstens an einer Stelle etwas weniger spüren zu lassen. Ein zum Scheitern verdammtes Vorhaben, wie sich im Herbst 1989 erweisen sollte.

Zum Zeitpunkt der Implosion des SED-Regimes war die neue Wohnanlage auf dem Gebiet der Ministergärten erst teilweise fertiggestellt. Seit Mitte November 1989 waren die westlichen Teile der Ministergärten nicht mehr Sperrgebiet; weil hier, wie überall an der innerstädtischen Grenze, ohnehin nie Minenfelder verlegt oder Selbstschußanlagen installiert gewesen waren, ging auch die Inbesitznahme relativ schnell vonstatten. Unweigerlich begann in jenen Monaten auch die Suche nach historischen Resten im Untergrund; schon Ende März 1990 präsentierten West-Berliner Boulevardzeitungen die ersten angeblichen Besucher von »Hitlers Bunker«. In Wirklichkeit waren die Hobby-Höhlenforscher in die Reste des Großen Bunkers der Neuen Reichskanzlei eingedrungen. Ein Reporter des ehemaligen SED-Parteiorgans »Neues Deutschlands« berichtete von SS-Runen, von Hakenkreuzen und »Sieg Heil«-Schmierereien an den Bunkerwänden. Sein Urteil ist kaum überraschend: »Über diese Orgie des neuen alten Wahns war in den Sensationsspalten der West-BZ nichts zu lesen.«[41]

In den neunziger Jahren geriet der Führerbunker als Objekt irrationaler Projektionen in die öffentliche Diskussion. Der amerikanische Politologe und Autor Daniel Goldhagen befand Ende 1999, die Deutschen hätten »kein Recht zu entscheiden, welche Symbole, welche Werte, welche praktischen und politischen Ziele das Schicksal dieses Bunkers bestimmen«.[42] Er solle geöffnet und unter internationale Aufsicht gestellt werden. Die Reaktion der Öffentlichkeit war gespalten.[43] Goldhagens Gedanken griff der italienische Privatforscher Pietro Guido gut zwei Jahre später auf. Anfang 2002 überschüttete

DDR-Bauarbeiter beseitigen die Bunkeranlagen unter der ehemaligen Reichskanzlei. Im Bild der teilweise ausgegrabene Vorbunker; als Stufe klar zu sehen die Deckenverstärkung von 1943/44. Im Hintergrund das preußische Herrenhaus, heute Sitz des Bundesrates.

Die Decke des Vorbunkers wird zur Sprengung vorbereitet. Anders als 1947 und 1959 wurde 1988 in kleinen Abschnitten gesprengt. Im Hintergrund das Haus Wilhelmstraße 64 (Nummerierung vor 1945), heute Bundesministerium für Verbraucherschutz.

er die Senatskanzlei Berlin, die internationale und die deutsche Unesco-Kommission mit Briefen, in denen er die Öffnung und Umgestaltung des Führerbunkers zu einer Gedenkstätte vorschlug.[44]

So wenig wie Daniel Goldhagen hatte sich Guido Pietro allerdings vor seiner Initiative mit der Sachlage vertraut gemacht – der Führerbunker ist 1988 zu großen Teilen beseitigt worden. Im Boden liegen nach den verfügbaren geophysikalischen Messungen, die in Verbindung mit dem Landesdenkmalamt Berlin durchgeführt wurden, noch die Bodenplatte sowie die Außenwände des Hauptbunkers auf gut der Hälfte ihrer ursprünglichen Höhe, nämlich etwa 1,40 bis 1,60 Meter. Die mächtige Decke ist vollständig beseitigt. Einen Hohlraum gibt es dort heute ebensowenig wie etwa noch Hitlers Wohnzimmer. Die gesamte, immer noch gewaltige Stahlbetonwanne ist mit Trümmerschutt verfüllt.[45] Außerdem deuten die Ergebnisse der Bodenradarmessungen darauf hin, daß der Vorbunker 1988 vollständig beseitigt worden ist. Eine Ausgrabung und oder gar die Gestaltung eines Museums lohnen diese Reste gewiß nicht; überlegenswert allerdings ist, ob nicht an der Stelle des früheren Führerbunkers wenigstens eine kleine, wetterfeste Dokumentation aufgestellt werden sollte. Sie würde die unzweifelhaft vorhandene historische Bedeutung des Ortes unterstreichen.

Achtung Sprengung! Ein weiterer Teil des Vorbunkers wird zerstört. Im Hintergrund die Rohbauten der Hochhäuser an der Voßstraße.

Anmerkungen

Der Mythos

1 Speer, Erinnerungen, S. 476.
2 Rshewskaja, Hitlers Ende ohne Mythos, S. 24.
3 Vgl. Joachimsthaler, Hitlers Ende, S. 50.
4 Bahnsen/O'Donnell, Katakombe, S.20f. u. Vorsatz.
5 Ryan, Der letzte Kampf, Grafik zw. S. 224 u. S. 225.
6 Vgl. Boldt, Die letzten zehn Tage, S. 81.
7 Vgl. Junge, Bis zur letzten Stunde, S. 174.
8 Vgl. BStU MfS IX/11 UTA 1, Bl. 59.
9 BStU MfS IX/11 UTA 31, Bl. 16.
10 Vgl. Ryan, Der letzte Kampf, Grafik zw. S. 224 u. S. 225; Bahnsen/O'Donnell, Katakombe, Vorsatz.
11 Vgl. BStU MfS IX/11 UTA 3, Bl. 130.
12 Hier zeigen sich die Folgen einer politisch motivierten Geschichtsmanipulation. Natürlich hatte es am 27. Februar 1933 keine »Mittäter« gegeben, weder Kommunisten noch SA-Männer. Aber der Mythos von der »Nazi-Täterschaft« hatte sich durch ständige Wiederholung so festgesetzt, daß es nun plötzlich auch einen Tunnel zwischen Reichskanzlei und Reichstag gegeben haben mußte, immerhin eine Strecke von knapp einem Kilometer Luftlinie. Er hätte im bergmännischen Stollenvortrieb gebaut werden müssen, doch wozu? Immerhin hatte das Reichstagsgebäude im Dritten Reich als teilweise ausgebrannter, nur vorläufig gesicherter Bau keinerlei Bedeutung.
13 Vgl. BStU MfS IX/11 UTA 3, Bl. 131f.
14 Vgl. BStU MfS IX/11 UTA 26, Bl. 65.
15 Vgl. Völklein, Hitlers Tod, S. 163-173.
16 Vgl. Arnold/Arnold/Salm, Dunkle Welten, S. 139f. u. S. 147. Daß dabei Tausende Berliner ertrunken seien, ist ebenfalls ein Mythos; in Wirklichkeit starben in dem langen Stollen zwischen 50 und 200 Menschen. Vgl. Groehler, Neue Reichskanzlei, S. 105-112.
17 Vgl. BStU MfS IX/11 UTA 1, Bl. 94.
18 Vgl. BStU MfS IX/11 UTA 31, Bl. 17.
19 Zit. n. Bihl, Der Tod Adolf Hitlers, S. 156.
20 Mitteilung von Erhard Schreier an den Verf.
21 Vgl. Lexikon des internationalen Films, Bd. 5, S. 3344.
22 Vgl. Lexikon des internationalen Films, Bd. 3, S. 2469.
23 Vgl. Welt v. 17.4.2003, SZ v. 17.4.2003, Hörzu v. 11.4.2003.
24 Spiegel 17/2003
25 Mitteilung von Prof. Guido Knopp an den Verf.
26 Hörzu v. 11.4.2003.

Der Ort

1 Vgl. das Projekt Geschichtsmeile Wilhelmstraße im Internet: www.topographie.de/wilhelmstr/main.htm. Dort auch ein Link auf eine Seite mit einer — leider ungenauen — Grafik des Führerbunkers.
2 Vgl. Berliner Morgenpost v. 23.10.2000.
3 Vgl. Berliner Morgenpost v. 1.12.2000 u. Berliner Zeitung v. 4.4.2003.
4 Vgl. Tagesspiegel v. 13.5.2002.

5 Vgl. Demps, Berlin – Wilhelmstraße, S. 268f.

6 Vgl. Wilderotter, Alltag der Macht, S. 223-237.

7 Vgl. Berliner Morgenpost v. 2.9.2002.

8 Vgl. Tagesspiegel v. 29.1.2002; Berliner Zeitung v. 29.1.2002; Welt v. 30.1.2002.

9 Mitteilung der Wohnungsbaugesellschaft Mitte an den Verf.

10 Vgl. Berliner Zeitung v. 19.6.2002

11 Mitteilung der Wohnungsbaugesellschaft Mitte an den Verf.

12 Vgl. Berliner Morgenpost v. 10.5.2003.

13 Der Architekt Peter Zumthor hat sich bei seinem Entwurf erklärtermaßen nicht am Bedarf der relativ kleinen Ausstellung orientiert, sondern an seiner gestalterischen Grundidee; diese Fehlkonzeption, die zum jahrelangen Streit um das Gebäude geführt hat, beschert Berlin wahrscheinlich einen 120 Meter langen, 19 Meter breiten und 20 Meter hohen Bau, in dessen 1200 Quadratmeter Ausstellungsfläche sich die wenigen Exponate der verdienstvollen Stiftung geradezu verlieren werden.

Der Bau

1 »Luftschutz tut not!« Aufruf zur Gründung des Reichsluftschutzbundes, 29.4.1933; Faksimile in: »Dann färbte sich der Himmel blutrot ...«, S. 39.

2 Tausk, Breslauer Tagebuch, S. 79f.

3 Vgl. Reichsgesetzblatt 1933 I, S. 659.

4 Vgl. Reichsgesetzblatt 1935 I, S. 827-829 u. Reichsgesetzblatt 1937 I, S. 559-574, bes. S. 566.

5 Vgl. Demps/Schultz/Wettig, Bundesfinanzministerium, S. 38; Arnold, Berlin im Untergrund (CD-ROM), Bunker Reichsluftfahrtministerium.

6 Zit. n. Schönberger, Neue Reichskanzlei, S. 22.

7 Speer, Erinnerungen, S. 47.

8 Vgl. Joachimsthaler, Hitlers Liste, S. 404-406.

9 Vgl. Lauterbach u.a., Bürokratie und Kult, S. 120.

10 BA R 43 I 1533 mit zahlreichen Einzelplänen und Korrespondenz. Vgl. Schönberger, Neue Reichskanzlei, S. 30-34.

11 Die folgenden Angaben nach den Bauplänen und korrigiert nach den Messungen des Ministeriums für Staatssicherheit sowie von Erhard Schreier; vgl. BA R 43 I 1533 sowie BStU MfS HA IX/11 UTA 1, Bl. 84, UTA 5, Bl. 60 u. UTA 6/2 Bl. 3. Vgl. Joachimstahler, Hitlers Ende, S. 62.

12 In den ursprünglichen Plänen sind diese massiven Türpfosten nicht vorgesehen; möglicherweise handelt es sich um spätere Verstärkungen.

13 Auf den Plänen ist eine Tiefe von 5,18 Meter eingetragen. Die Untersuchungen des Ministeriums für Staatssicherheit ermittelten jedoch sechs Meter, was auch zu den Messungen von Erhard Schreier paßt. Möglicherweise ist während der Bauarbeiten die Baugrube tiefer als geplant ausgehoben worden.

14 BA R 43 I 1582.

15 Vgl. Demps, Berlin – Wilhelmstraße, S. 235.

16 Mitteilung von Klaus Topel an den Verf.

17 Vgl. Reichsgesetzblatt 1937 I, S. 569.

18 BA R 43 II 1297 Bl. 9f.

19 Vgl. BStU MfS HA IX/11 UTA 31, Bl. 5.

20 Vgl. BStU MfS HA IX/11 UTA 10 Teil 1, Bl. 1f.

21 Vgl. BStU MfS HA IX/11 UTA 1, Bl. 84.

22 Falsche Grafiken z. B. in Ryan, Der letzte Kampf, zw. S. 224 u. S. 225; Spiegel 14/1995; Joachimsthaler, Hitlers Ende, S. 42; Guido, Führerbunker, S. 38. Richtig zuerst wohl die Untersuchung des MfS; vgl. LAB Sammlung Karten A 5768 (1974) und danach Jurk, Neue Reichskanzlei, S. 3, sowie Landesdenkmalamt Berlin u. Arnold, Potsdamer Platz von unten, S. 47.

23 Mitteilung von Erhard Schreier an den Verf.

24 Vgl. BStU MfS HA IX/11 UTA 2/1, Bl. 23 u. Bl. 27 (Nr. 36); LAB Sammlung Karten A 5768 (1974); Arnold/Arnold/Salm, Dunkle Welten, S. 145.

25 Mitteilungen von Prof. Sybille Quack und vom Landesdenkmalamt Berlin an den Verf.

26 Vgl. Arnold, Berlin im Untergrund (CD-ROM), Fahrerbunker.

27 Vgl. z. B. Ryan, Der letzte Kampf, zw. S. 224 u. S. 225; Spiegel 14 /1995; Joachimsthaler, Hitlers Ende, S. 42; Fest, Untergang, S. 28; Guido, Führerbunker, S. 38. Ungewöhnlich ist die Grafik bei Kuby, Die Russen, S. 91, der wohl als einziger Autor zu wenige Bunker auf dem Gelände der Reichskanzlei vermutet. Vgl. BStU MfS HA IX/11 UTA 2/1, Bl. 23-28.

28 Vgl. BStU MfS HA IX/11 UTA 2/1, Bl. 23-28. Vgl. die Ermittlungskartei ebd., UTA 26.

29 Vgl. Demps, Luftangriffe (I), S. 53.

30 Vgl. Friedrich, Brand, S. 106-176.

31 Hierzu und zum folgendem Boelcke, Deutschlands Rüstung, S. 225; vgl. S. 54 u. S. 229f.

32 Mitteilung von Erhard Schreier an den Verf.; Fotos der verstärkten Decke des Vorbunkers während des Abrisses in der Sammlung Schreier.

33 BA R 43 II 4272a unpaginiert.

34 Vgl. Brief Lisa Zindler-Roggow u. Birgit Siekmann (Hochtief AG Essen) an Pietro Guido, o. D. [Juli/August 2001], Faksimile in: Guido, Führerbunker, S. 94.

35 Der britische Rechtsradikale David Irving vermerkt in einer Bildunterschrift seiner Goebbels-Biographie, in den Akten des Pionier-Generals Alfred Jakob hätten sich die »Original-Blaupausen« des Bunkers gefunden. Über diesen angeblichen Fund ist ansonsten nichts bekannt geworden. Vgl. Irving, David: Goebbels. Macht und Magie. Kiel 1997, S. 525.

36 BA R 2 27452 Bl. 75.

37 Alle im folgenden genannten Maße entstammen, soweit sie nicht anderen Quellen zugewiesen werden, den Unterlagen des MfS, bes. BStU MfS HA IX/11 UTA 1, Bl. 84 u. 86; UTA 6/2, Bl. 3 (Plan). Sie wurden jeweils abgeglichen mit den Messungen von Erhard Schreier.

38 Nach der Vermessung des MfS handelte es sich um entweder zehn oder sogar zwölf Stufen; Erhard Schreier erinnert sich dagegen an neun Stufen, worauf auch Fotos der Treppe deuten.

39 Vgl. z.B. Trevor-Roper, Hitlers letzte Tage, S. 105; Ryan; Der letzte Kampf, zw. S. 224 u. 225; Bahnsen/O'Donnell, Katakombe, Vorsatz; Demps, Berlin–Wilhelmstraße, S. 236; Jurk, Neue Reichskanzlei, S. 9; Spiegel 14/1995; Joachimsthaler, Hitlers Ende, S. 66 u. 68f. Guido, Führerbunker, S. 31. Richtig sind bisher nur die Grafiken von ADN Bildarchiv/ullstein bild 00164824 und von Dietmar Arnold/Berliner Unter-

welten e.V., in: Arnold, Potsdamer Platz von unten, S. 47. Die oft nachgedruckte Grafik des Magazins Stern (von Peter Schössow) zeigt einen geraden Treppenabgang (vgl. z. B. Cover von Völklein, Hitlers Tod); die Grafik bei Kuby, Die Russen, S. 91 sowie die Illustration von Hanno Engler (z. B. in Picker/Hoffmann/Lang, Hitlers Tischgespräche im Bild, S. 68f.) und die danach angefertigte Zeichnung in Fest, Untergang, S. 33 umgehen das Problem, indem sie gar keine Treppe zum Vorbunker zeigen.

40 Mitteilung von Erhard Schreier an den Verf. In der MfS-Untersuchung keine Angaben; nach Boelcke, Deutschlands Rüstung, S. 225, 3,50 bis 4 Meter; nach Joachimsthaler, Hitlers Ende, S. 66, 3,60 Meter.

41 Erhard Schreier hat 1988 festgestellt, daß der Gartenausgang als Block an die massive Westmauer angesetzt war, so daß sich an der südwestlichen Ecke des Bunkers ein Winkel ergab. Die Ergebnisse der Bodenradar-Messungen können dies nicht bestätigen. Möglicherweise ist dieser — durch den sowjetischen Sprengversuch 1947 schwerbeschädigte — Bereich bei der Tiefentrümmerung beseitigt worden. Mitteilungen von Erhard Schreier und des Landesamtes für Bodendenkmalpflege an den Verf.

42 Vgl. Neitzel, U-Bootbunker, S. 113 u. S. 199.

43 Maß genommen von Erhard Schreier 1988.

44 Mitteilung von Erhard Schreier an den Verf.

45 Vgl. Völklein, Hitlers Tod, S. 163f.

46 Vgl. Neumärker/Conradt/Woywodt, Wolfsschanze, S. 40 u. S. 131: Ursprünglich zwei Meter starke Decken, die im Frühjahr 1944 mit einer fünf Meter starken Betonschicht ummantelt wurden; Seidler/Zeigert, Führerhauptquartiere, S. 198: sieben Meter starke Betondecken.

47 Vgl. Rhode/Sünkel, Wolfsschlucht 2, S. 92f.

48 Vgl. Zimmermann, Atlantikwall, S. 61-73; nach Boelcke, Deutschlands Rüstung, S. 358f. u. 381, gab Hitler selbst die Anweisung, die Betonkuppel in Wizernes nicht fertigzustellen, weil sie sich als unbrauchbar erwiesen hatte.

49 Vgl. Neitzel, U-Bootbunker, S. 214; Chazette/Destouches/Paich, Atlantikwall, S. 359, 376, 426 u. 442; Boelcke, Deutschlands Rüstung, S. 198, 207f., 217f.

50 Vgl. Angerer, Flaktürme, S. 31.

51 Vgl. BA R 43 II 1044 Bl. 96.

52 BA R 43 II 1044 Bl. 93.

53 BA R 43 II 1044 Bl. 94.

54 BA R 43 II 1044 Bl. 96f.

55 Vgl. Arnold, Berlin im Untergrund (CD-ROM), »Speer«-Bunker.

56 Mitteilung von Erhard Schreier an den Verf.

57 Mitteilung von Erhard Schreier an den Verf. Auszuschließen ist die Vermutung nicht; allerdings gibt es auch keinen weiteren Beleg dafür.

58 Die folgende Schilderung nach Junge, Bis zur letzten Stunde, S. 174f.

59 Schroeder, Er war mein Chef, S. 198f.

60 Vgl. Bahnsen/O'Donnell, Katakombe, S. 39; Joachimstahler, Hitlers Ende, S. 262.

61 Speer, Erinnerungen, S. 487. Vgl. zum Glücksklee-Emblem Eva Brauns Joachimsthaler, Hitlers Liste, S. 485.

Das Drama

1 Vgl. Bedürftig, Lügen und Irrtümer, S. 17-20; Weiß, Hermann: Alpenfestung. In: Benz, Legenden, S. 21-23; Chaussy/ Püschner, Nachbar Hitler, S. 142-153.
2 Vgl. Boldt, Die letzten zehn Tage, S. 61f.
3 Junge, Bis zur letzten Stunde, S. 174. Vgl. Below, Hitlers Adjutant, S. 400; Toland, Hitler, S. 1045; Kershaw, Hitler, Bd. 2, S. 994.
4 Goebbels, Tagebücher, S. 135 (16.1.1945) u. S. 200 (23.1.1945).
5 Speer, Erinnerungen, S. 431.
6 Vgl. Toland, Hitler, S. 1048.
7 Vgl. Goebbels, Tagebücher, S. 216 (25.1.1945), S. 234 (26.1.1945), S. 252 (28.1.1945), S. 294 (1.2.1945).
8 Besymenski, Bormann-Notizen, S. 106.
9 Schroeder, Er war mein Chef, S. 199.
10 Vgl. Demps, Luftangriffe (I), S. 63.
11 Trevor-Roper, Bormann-Letters, S. 175; vgl. Lang, Bormann, S. 316f.
12 Trevor-Roper, Bormann-Letters, S. 195.
13 Schroeder, Er war mein Chef, S. 199.
14 Musmanno-Papers, zit. n. Joachimsthaler, Hitlers Ende, S. 118.
15 Boldt, Die letzten zehn Tage, S. 80-82.
16 Junge, Bis zur letzten Stunde, S. 175.
17 Vgl. Toland, Hitler, S. 1062. In Kempkas Memoiren ist davon nicht die Rede; vgl. Kempka, Ich verbrannte Adolf Hitler, S. 76f., u. ders., Die letzten Tage, S. 65. Auch Joachim Fest vermerkt, daß Hitler im Volkswagen an die Oderfront gefahren sei; eine Quelle nennt er dazu nicht. Vgl. Fest, Hitler, S. 999.
18 Hitler, Mein Kampf, S. 104.
19 Vgl. Maser, Hitlers »Mein Kampf«, S. 37.
20 Speer, Erinnerungen, S. 436f.
21 Der von Speer angesprochene Mitarbeiter, der Industrielle Dieter Stahl, bestätigte im Verhör am 5. Oktober 1945 im wesentlichen die Version des Ministers. Allerdings berichtete Stahl in dieser Vernehmung von einem weiteren Attentatsplan, den Speer angeblich nach dem Scheitern des Giftgasanschlags vorbereitet habe; diesmal mit Unterstützung. Danach wollte Speer zusammen mit einigen Offizieren Himmler, Goebbels und Bormann vor der Reichskanzlei erschießen lassen und Hitler im Bunker umbringen. Von diesem angeblichen Plan ist sonst nichts bekannt geworden; nie hat sich jemand dazu bekannt, auch Speer nicht. Der Zeuge Stahl kann deshalb nicht als zuverlässig gelten. Vgl. Overy, Verhöre, S. 472-479.
22 Prozeß gegen die Hauptkriegsverbrecher, Bd. 16, S. 543f.
23 Fest, Speer, S. 334 u. S. 511, Anm. 54 (Brief Giesler an den Propyläen-Verlag, 23.11.1970), sowie Sereny Speer, S. 553f.
24 van der Vat, Nazi, S. 338.
25 Berthold, 42 Attentate, S. 248.
26 Vgl. Schlie, Speer, S. 82–134.
27 Speer, Fest, S. 398.
28 Vgl. Prozeß gegen die Hauptkriegsverbrecher, Bd. 4, S. 380.
29 Vgl. Fest, Speer, S. 317-370, bes. S. 364-367; Sereny, Speer, S. 529-614, bes. S. 580f.; van der Vat, Nazi, S. 332-350.
30 Vgl. Besymenski, Bormann-Notizen, S.148.
31 Goebbels, Tagebücher, S. 296 (1.2.1945).
32 Vgl. Welt v. 16.4.2003. Die These, Hitler sei ein sexuell völlig normaler Mann gewesen, vertritt heute eigentlich nur noch Werner Maser; vgl. Maser, Hitler, S. 305-325. Eine knappe und korrekte Darstellung

des Forschungsstandes bei Joachimsthaler, Hitlers Liste, S. 23-40.

33 Eine einzige Aufnahme zeigt Eva Braun, wie sie sich bei Adolf Hitler einhakt. Auch hier macht er ein eher unerfreutes Gesicht. Vgl. Fest/Hoffmann/Lang, Hitler, Tafel 80.

34 de Maizière, In der Pflicht, S. 104.

35 Fegelein war nachgewiesenermaßen an Massenmorden beteiligt. Unter seiner Führung war die SS-Kavalleriebrigade im Sommer 1941 in der »Partisanenbekämpfung« in den Pripjetsümpfen eingesetzt; im Bericht vom 11. August heißt es: »Neben 239 Gefangenen und 411 zum Teil in Einzelkämpfen gefallenen Rotarmisten und Aktivisten wurden insgesamt 6504 jüdische Personen erschossen.« Auch an weiteren Kriegsverbrechen war Fegelein beteiligt; vgl. Riess, Fegelein, S. 165-167.

36 Vgl. Joachimsthaler, Hitlers Ende, S. 442-467; ders., Hitlers Liste, S. 474-484. In ihren eigenen, erst posthum veröffentlichten Memoiren äußerste sich Christa Schroeder zurückhaltender als gegenüber Joachimsthaler; vgl. Schroeder, Er war mein Chef, S. 167–169.

37 Vgl. Wagener, Hitler aus nächster Nähe, S. 392f.; Schenck, Sterben ohne Würde, S. 54f.; Speer, Erinnerungen, S. 161-165; Knopp, Hitlers Frauen, S. 136f.

38 Vgl. Knopp, Hitlers Frauen, S. 146; Joachimsthaler, Hitlers Liste, S. 367.

39 Vgl. Knopp, Hitlers Frauen, S. 127-130.

40 Reuth, Goebbels, S. 592f.

41 Toland, Hitler, S, 1067; Goebbels, Tagebücher, S. 638f. (30.3.1945).

42 Lang, Bormann, S. 326.

43 Besymenski, Bormann-Notizen, S. 179f.

44 Vgl. Kershaw, Hitler, Bd. 2, S. 1021.

45 Below, Als Hitlers Adjutant, S. 408.

46 Vgl. Besymenski, Bormann-Notizen, S. 180.

47 Schlie, Speer, S. 109.

48 Speer, Erinnerungen, S. 467.

49 Fest, Hitler, S. 1003.

50 Toland, Hitler, S. 1068.

51 Domarus, Hitler, Bd. 4, S. 2224.

52 Vgl. Toland, Hitler, S. 1069.

53 Besymenski, Bormann-Notizen, S, 188; vgl. Lang, Bormann, S. 326.

54 Berliner Morgenpost v. 20.4.1945.

55 Junge, Bis zur letzten Stunde, S. 176.

56 Vgl. Bedürftig, Lügen und Irrtümer, S. 17-20.

57 Schroeder, Er war mein Chef, S. 200. Luftalarm herrschte in Berlin am 20. April 1945 von 9.30 bis 11.55 Uhr und mit kurzen Unterbrechungen von 21.30 Uhr bis nach Mitternacht. Vielleicht meinte Christa Schroeder den Beschuß durch sowjetische Geschütze.

58 Junge, Bis zur letzten Stunde, S. 176-178.

59 Below, Hitlers Adjutant, S. 411.

60 Zit. n. Joachimsthaler, Hitlers Ende, S. 154.

61 Vgl. Below, Hitlers Adjutant, S. 411.

62 Vgl. Lang, Der Sekretär, S. 329-331.

63 Boldt, Die letzten zehn Tage, S. 174-177; vgl. Trevor-Roper, Hitlers letzte Tage, S. 146-150; Toland, Hitler, S. 1094; Joachimsthaler, S. 463–466; Kershaw, Hitler, Bd. 2, S. 1049.

64 Vgl. NZZ v. 30.4.1945 (Morgenausgabe).

65 Vgl. NZZ v. 29.4. (Abendausgabe) u. 30.4.1945 (Morgen- und Mittagsausgabe).

66 Junge, Bis zur letzten Stunde, S. 195 (mit der Angabe eines falschen Datums: 26. April 1945).

67 Faksimile in Joachimsthaler, Hitlers Ende, S. 190-192.

68 Junge, Bis zur letzten Stunde, S. 202.

69 Zit. n. Joachimsthaler, Hitlers Liste, S. 483.

70 Zit. n. dem Faksimile in Joachimsthaler, Hitlers Ende, S. 192.

71 Schroeder, Er war mein Chef, S. 167.

72 Zit. n. Joachimsthaler, Hitlers Liste, S. 483.

73 Vgl. NZZ v. 3. 5.1945 (Abendausgabe). Fritsches Aussage war die erste über Hitlers Tod, die der Öffentlichkeit bekannt wurde.

74 Vgl. Musmanno, Zehn Tage, S. 350-356; Besymenski, Der Tod des Adolf Hitler (in wesentlichen Fragen abweichende Neufassungen von 1982 und von 1990), Bihl, Der Tod Adolf Hitlers; Joachimsthaler, Hitlers Ende, S. 201-441; Völklein, Hitlers Tod; Schenck, Patient Hitler, S. 440-446; ders., Sterben ohne Würde, S. 43-110. Für diesen Band nicht herangezogen werden konnten folgende weiteren Werke: McKale, Donald M.: Hitler. The Survival Myth. Briarcliff Manor (New York) 1983; Petrova, Ada/Watson, Peter: The Death of Hitler. The Full Story with New Evidences from Secret Russian Archives. New York — London 1995; Thomas, Hugh: Doppelgänger. The Truth about the Bodies in the Berlin Bunker. London 1995; Weber, Hans: Hitler lebt. Wie Hitler Deutschland verraten hat. Wien 1971.

75 Wehrmachtsberichte, Bd. 3, S. 563. Vgl. NZZ v. 2.5.1945 (Mittagsausgabe); danach strahlte der Sender Hamburg die Meldung schon um 21.25 Uhr am 1. Mai aus. Nach anderen Berichten war dies erst nach 23 Uhr der Fall.

76 Vgl. Joachimsthaler, Hitlers Ende, S. 210.

77 Vgl. Völklein, Hitlers Tod, S. 36.

78 Traudl Junges Erinnerung, man habe im Vorbunker den einzelnen Schuß hören können (»so laut und so nah, daß wir alle verstummen«) und der Goebbels-Sohn Helmut habe kindlich naiv kommentiert: »Das war jetzt aber ein Volltreffer!«, entbehrt der Grundlage. Vgl. Junge, Bis zur letzten Stunde, S. 206f.

79 Der älteste Sohn von Magda Goebbels entstammte der Ehe mit dem Industriellen Günther Quandt und kam 1921 zur Welt. Dieser Harald Quandt führte nach 1945 die Unternehmen seines Vaters weiter und machte sie zu einem der größten Privatkonzerne Europas.

80 Vgl. Völklein, Hitlers Tod, S. 74-80; Joa chimsthaler, Hitlers Liste, S. 391-393; Schenck, Sterben ohne Würde, S. 53 u. Anm. 11.

81 Vgl. Bahnsen/O'Donnell, Katakombe, S. 253-273.

82 Vgl. Lang, Der Sekretär, S. 339-350.

Die Reste

1 Bahnsen/O'Donnell, Katakombe, S. 376f.

2 Besymenski, Der Tod Adolf Hitlers, S. 53f.

3 Vgl. Völklein, Hiters Tod, S. 94-100.

4 Besymenski, Der Tod Adolf Hitlers, S. 53f.

5 Vgl. Völklein, Hitlers Tod, S. 150-157; Joachimsthaler, Hitlers Ende, S. 358-383.

6 Zit. n. Ramsey, Reichschancellery, S. 47-49.

7 O'Donnell schreibt, er sei über »an iron spiral staircase« in den Vorbunker gegangen. In Wirklichkeit war die Treppe rechtwinklig angelegt und aus Beton. Aus diesem Irrtum aus mehreren Jahrzehnten Abstand zu schließen, der US-Journalist habe seinen Besuch erfunden, ginge allerdings wohl zu weit. Vgl. Arnold/ Arnold/Salm, Dunkle Welten, S. 143: »Angebliche Augenzeugen, die behaup-

ten, hier eine Wendeltreppe benutzt zu haben, offenbaren damit unfreiwillig, daß sie niemals hier unten waren.«

8 Churchill, Der Zweite Weltkrieg. Bd. 6, S. 325,Ganz anders erinnerte sich Churchills Leib-arzt Sir Charles Wilson an den Besuch. In seinem Tagebuch notierte er: »Sein Führer, ein russischer Soldat, brachte ihn über den Hof außerhalb der Reichskanzlei zu dem Unterschlupf, in dem Hitler, wie ein verwundetes Tier, das sich in sein Loch zurückzieht, gestorben sein soll; der Premierminister folgte ihm eine Treppe hinab; als er aber hörte, daß noch zwei weitere Treppen folgen würden, gab er die Idee auf, den Bunker zu erforschen,und stieg langsam die Treppen wieder hinauf. Oben angekommen, setzte er sich auf einen vergoldeten Stuhl und wischte sich den Schweiß von der Stirn. ›Hitler‹, sagte er, ›muß hier herausgekommen sein, um Luft zu schnappen, und muß die Gewehrsalven näher und näher kommen gehört haben.‹ Ich ging zurück zu dem Erdloch. Ich atmete die feuchte, scharfe Luft ein und ertastete mit den Weg über ein paar Stufen hinab zu einem anderen Raum, wo, soweit ich im Licht einer Fackel erkennen konnte, Kleider und Gasmasken und aller möglicher Kram verstreut herumlagen. Ich hob einen verbrannten Handschuh auf. Ich folgte dem Premierminister wieder, und wir fuhren schweigend zurück, an den endlosen Reihen russischer Soldaten entlang.« Moran, Churchill, S. 270. Allerdings bestätigt das Tagebuch von Alexander Cadogan, ständiger Unterstaatssekretär im britischen Foreign Office, Churchills Version: »Ich begleitete Winston in Hitlers Arbeitszimmer, aber er machte nicht viele Worte — vielleicht war er zu überwältigt.« Cadogan, Diaries, S. 763.

9 Cadogan, Diaries, S. 763f.

10 Seit 1998 ist der Untersuchungsbericht auch in deutscher Sprache zugänglich. Vgl. Völklein, Hitlers Tod, S. 163-173.

11 Vgl. Völklein, Hitlers Tod, S. 174f.

12 Vgl. Spiegel 18/2000.

13 Fotos des US Signal Corps, abgedruckt in Ramsey, Reichschancellery, S. 47.

14 Vgl. z. B. Demps, Berlin—Wilhelmstraße, S. 279 (Bilder von 1956); Joachimsthaler, Hitlers Ende, S. 95 (1949).

15 Die Universität bestreitet das. Vielleicht handelt es sich um Reservematerial, das 1945 noch auf dem Gelände gelagert war. Vgl. Demps, Berlin—Wilhelmstraße, S. 281.

16 Nachtdepesche v. 10.6.1959 u. Berliner Morgenpost v. 11.6.1959.

17 Fotos dieser Sprengung bei Ramsey, Reichschancellery, S. 49

18 Welt v. 8.10.1959.

19 Vgl. Angerer, Flaktürme, S. 89-92.

20 Ein Blick von einem dieser Beobachtungspodeste gen Osten war die erste Begegnung des Verf. mit dem Führerbunker; besonderen Eindruck hat dieser Erdhaufen Anfang der achtziger Jahre allerdings nicht gemacht. Trotzdem gehörte die Erwähnung des Hügels zum Programm vieler Reiseleiter.

21 Vgl. BStU MfS IX/11 UTA 12, Bl. 60-64. Bereits am 1.4.1969 hatte es einen Bericht über den Zustand der Tunnelanlagen in diesem Bereich gegeben, vor allem zu den unter dem Tiergarten gefundenen Teilstücken eines Straßentunnels und

zum Nord-Süd-Tunnel der S-Bahn. Vgl. ebd., Bl. 72ff. sowie BStU MfS IX/11 UTA 12.

22 BStU MfS IX/11 UTA 1, Bl. 5–7 u. Bl. 27f.

23 Vgl. BStU MfS IX/11 UTA 31, Bl. 2f.

24 BStU MfS IX/11 UTA 1, Bl. 65.

25 Die tatsächlichen Innenmaße betrugen für den Kleinen Bunker der Neuen Reichskanzlei 60 mal 20 Meter und für den Großen Bunker 106 mal 29 Meter.

26 BStU MfS IX/11 UTA 1, Bl. 89f.

27 BStU MfS IX/11 UTA 1, Bl.37f.

28 Die Fotodokumentation des MfS mit 86 Bildern aus Vor- und Hauptbunker findet sich in BStU MfS IX/11 UTA 6/2.

29 Vgl. BStU MfS IX/11 UTA 6/2, Bl. 3.

30 Vgl. BStU MfS HA IX/11 UTA 2/1, Bl. 23-28. Vgl. die Ermittlungskartei ebd., UTA 26.

31 BStU MfS IX/11 UTA 31, Bl. 5f.

32 BStU MfS IX/11 UTA 31, Bl. 7-11.

33 Die laut Findbuch einst im Ost-Berliner Stadtarchiv im Nachlaß des SED-Funktionärs Walter Wilkens vorhandene Kopie des Stasi-Untersuchungsberichtes ist spurlos verschwunden, wahrscheinlich schon vor der Zusammenlegung der Archive beider Stadthälften verlegt oder gestohlen. Mitteilung des Landesarchivs Berlin an den Verf.

34 Vgl. Demps, Berlin–Wilhelmstraße, S. 289.

35 Jesch, Wilhelmstraße, S. 261f.

36 Vgl. Demps, Wilhelmstraße, S. 82

37 Vgl. Landesarchiv Berlin, Kartensammlung, A 5768

38 Vgl. Ramsey, Reichschancellery, S. 50-52.

39 Der Verf. dankt Erhard Schreier ausdrücklich für seine große Hilfsbereitschaft und seine Unterstützung bei der Fertigstellung dieses Buches. Vgl. zu Schreiers Untersuchungen des Führerbunkers. FAZ v. 1.9.1988.

40 Die Fotos in der Sammlung Schreier erweisen das ohne Zweifel. Alle Behauptungen, die Bauarbeiten hätten erst nach der Tiefenttrümmerung begonnen, beruhen auf Irrtümern. Vgl. z. B. die unzutreffende Darstellung bei Jesch, Wilhelmstraße, S. 261.

41 Zit. n. Groehler, Neue Reichskanzlei, S. 142.

42 Spiegel 46/1999.

43 Der Verf. kommentierte Goldhagens Idee in der Berliner Morgenpost ironisch: »Eine brillante Idee. Wozu brauchen wir noch ein Holocaust-Mahnmal, wozu eine Ausstellung Topographie des Terrors? Beide erinnern ja ›nur‹ an die Opfer der NS-Tyrannei. Der Führerbunker als Museum — der Vorschlag löst alle Probleme unseres schwierigen Umgangs mit der Nazi-Vergangenheit. Endlich könnten die Touristenströme das wohlige Grauen verspüren, ins Untergrund-Wohnzimmer des Jahrhunderts-Monsters zu schauen. Der Umweg über die Erinnerung an die Leiden der Opfer wird überflüssig. Warum ist wohl der Hitler in Madame Tussauds Wachsfigurenkabinett in London die am häufigsten fotografierte Figur?« Berliner Morgenpost v. 6.12.1999. Vgl. Spiegel 46/1999 und BZ v. 17.1.2000.

44 Vgl. Guido, Führerbunker, S. 137-160.

45 Mitteilung des Landesdenkmalamtes Berlin an den Verf.

Quellen- und Literaturverzeichnis

Alle für den Text herangezogenen Bücher werden in den Anmerkungen mit eindeutigen Kurztiteln zitiert; Archivalien mit der vollständigen Signatur; Zeitungs- und Zeitschriftenartikel mit Datum oder Nummer der entsprechenden Ausgaben.

1. Archivalien

Bundesarchiv Berlin

Bestand R 2: 27452.
Bestand R 43 I: 1531; 1533; 1582.
Bestand R 43 II: 1036a; 1040; 1040a; 1042; 1042a; 1042b; 1043; 1044; 1060c; 1297; 1300a; 4272a

Landesarchiv Berlin

Sammlung Karten: A 5768

Archiv des Bundesbeauftragten für die Stasi-Unterlagen (BStU) Berlin

Bestand MfS HA IX/11 UTA: 1; 2/1; 3; 5; 6/2; 7; 9; 12; 26; 31; 32.

Sammlung Erhard Schreier Berlin

Fotos und Zeichnungen über den Abriß des Führerbunkers 1988 (ca. 800 Schwarzweiß- und 300 Farbaufnahmen, ca. 700 Handzeichnungen, Meßprotokolle) sowie Zeitungsausschnitte und weitere Materialien zum Führerbunker 1988-2003.

2. Zeitungen und Zeitschriften

Berliner Morgenpost
Berliner Zeitung
B.Z.
Frankfurter Allgemeine Zeitung (FAZ)
Neue Zürcher Zeitung (NZZ)
Der Spiegel
Süddeutsche Zeitung (SZ)

Super!
Der Tagesspiegel
Die Welt

3. Gedruckte Quellen

Below, Nicolaus von: Als Hitlers Adjutant 1937-1945. Mainz 1980.
Besymenski, Lew (Hrsg.): Die letzten Notizen von Martin Bormann. Ein Dokument und sein Verfasser. Stuttgart 1974.
Boelcke, Willi A. (Hrsg.): Deutschlands Rüstung im Zweiten Weltkrieg. Hitlers Konferenzen mit Albert Speer 1942-1945. Frankfurt/M. 1969.
Boldt, Gerhard: Hitler – Die letzten zehn Tage. Frankfurt/M. – Berlin 1973.
Cadogan, Sir Alexander: The Diaries of Sir Alexander Cadogan 1938-1945. Hrsg. von David Dilks. London 1971.
Churchill, Winston: Der Zweite Weltkrieg. Aus dem Englischen von Eduard Thorsch. 6 Bde. Bern 1954.
Domarus, Max (Hrsg.): Hitler. Reden und Proklamationen 1932-1945. 4 Bde. 4. Aufl. Leonberg 1988 (zuerst 1962).
Goebbels, Joseph: Die Tagebücher von Joseph Goebbels. Teil II: Diktate 1941-1945. Bd. 15: Januar-April 1945. Hrsg. von Elke Fröhlich, bearbeitet von Maximilian Gscheid. München 1995.
Hitler, Adolf: Mein Kampf. Zwei Bände in einem Band. 479.-483. Auflage München 1939 (zuerst 1925/26, gemeinsam 1930).
Junge, Traudl: Bis zur letzten Stunde. Hitlers Sekretärin erzählt ihr Leben. Unter Mitarbeit von Melissa Müller. München 2002.
Kempka, Erich: Ich habe Adolf Hitler verbrannt. München o.J. [1950].
Ders.: Die letzten Tage mit Adolf Hitler. Erweitert von Erich Kern. 2. Aufl. Preußisch Oldendorf 1976 (zuerst 1975).
De Maizière, Ulrich: In der Pflicht. Lebensbericht eines deutschen Soldaten im 20. Jahrhundert. Herford – Bonn 1989.
Moran, Lord [Sir Charles Wilson]: Winston Churchill. The Struggle for Survival 1940-1945. Taken From the Diaries of Lord Moran. London 1966.
Der Prozeß gegen die Hauptkriegsverbrecher vor dem Internationalen Militärgerichtshof Nürnberg 14. November 1945 bis 1. Oktober 1946. 23 Bde. Nürnberg 1948.
Schlie, Ulrich (Hrsg.): Albert Speer. Die Kransberg-Protokolle 1945.

Seine ersten Aussagen und Aufzeichnungen (Juni-September). München 2003.
Schroeder, Christa: Er war mein Chef. Aus dem Nachlaß der Sekretärin von Adolf Hitler. Hrsg. von Anton Joachimsthaler. 3. Aufl. München – Wien 1999 (zuerst 1985).
Speer, Albert: Erinnerungen. Berlin 1969.
Ders.: Spandauer Tagebücher Berlin 1975.
Trevor-Roper, Hugh R. (Hrsg.): The Bormann Letters. The Private Correspondence Between Martin Bormann and His Wife From Januar 1943 to April 1945. London 1954.
Tausk, Walter: Breslauer Tagebuch 1933-1940. Neuausgabe Berlin 1988 (zuerst 1975).
Die Wehrmachtsberichte 1939-1945. 3 Bde. Neuausgabe München 1989 (zuerst 1982).

4. Literatur

Angerer, Henning: Flakbunker. Betonierte Geschichte. Hamburg 2000.
Arnold, Dietmar: Der Potsdamer Platz von unten. Eine Zeitreise durch dunkle Welten. Berlin 2001.
Ders.: Berlin im Untergrund. Eine interaktive Zeitreise unter den Potsdamer Platz (CD-ROM). Berlin 2001.
Ders./Arnold, Ingmar/Salm, Frieder: Dunkle Welten. Bunker, Tunnel und Gewölbe unter Berlin. 6. Aufl. Berlin 2002 (zuerst 1997).
Bahnsen, Uwe/O'Donnell, James P.: Die Katakombe. Das Ende in der Reichskanzlei. Stuttgart 1975.
Bedürftig, Friedemann: Als Hitler die Atombombe baute. Lügen und Irrtümer über das Dritte Reich. München 2003.
Benz, Wolfgang (Hrsg.): Legenden, Lügen, Vorurteile. Ein Wörterbuch zur Zeitgeschichte. 2. Aufl. München 1992 (zuerst 1987).
Ders./Graml, Hermann/Weiß, Hermann (Hrsg.): Enzyklopädie des Nationalsozialismus. Stuttgart 1997.
Berthold, Will: Die 42 Attentate auf Hitler. Wien 1997.
Besymenski, Lew: Der Tod des Adolf Hitler. Unbekannte Dokumente aus Moskauer Archiven. Hamburg 1968 (mehrere stark überarbeitete Neuversionen unter wechselnden Titeln).
Bihl, Hansdieter: Der Tod Adolf Hitlers. Fakten und Überlebenslegenden. Wien – Köln – Weimar 2000.
Bullock, Alan: Hitler. Eine Studie über Tyrannei. Neuausgabe Düs-

seldorf 1967 (zuerst 1953).
Chazette, Alain/Destouches, Alain/Paich, Bernard: Album Mémorial Atlantikwall – Le Mur de l'Atlantique en France 1940-1944. o.O. 1995.
Chaussy, Ulrich/Püschner, Christoph: Nachbar Hitler. Führerkult und Heimatzerstörung am Obersalzberg. 3. Aufl. Berlin 2001 (zuerst 1995).
Cullen, Michael S.: Wo liegt Hitler? Öffentliches Erinnern und kollektives Vergessen als Stolperstein der Kultur. Berlin 1999.
»Dann färbte sich der Himmel blutrot ...« Die Zerstörung Magdeburgs am 16. Januar 1945. Magdeburg 1995.
Demps, Laurenz: Die Luftangriffe auf Berlin. Ein dokumentarischer Bericht. In: Jahrbuch des Märkischen Museums 4 (1978), S. 27-68.
Ders.: Die Luftangriffe auf Berlin. Ein dokumentarischer Bericht Teil II. In: Jahrbuch des Märkischen Museums 7 (1982), S. 7-44.
Ders.: Die Wilhelmstraße in der DDR. In: Engel, Helmut/Ribbe, Wolfgang (Hrsg.): Geschichtsmeile Wilhelmstraße. Berlin 1997, S. 41-83.
Ders.: Berlin – Wilhelmstraße. Eine Topographie preußisch-deutscher Macht. 3. Aufl. Berlin 2000 (zuerst 1994).
Ders./Schultz, Eberhard/Wettig, Klaus: Bundesfinanzministerium. Ein belasteter Ort? Berlin 2002
Fest, Joachim: Hitler. Eine Biographie. Berlin – Frankfurt/M. 1973.
Ders.; Speer. Eine Biographie. Berlin 1999.
Ders.: Der Führerbunker. In: François, Etienne/Schulze, Hagen (Hrsg.): Deutsche Erinnerungsorte. Bd. 1, München 2001, S. 122-137.
Ders.: Der Untergang. Hitler und das Ende des Dritten Reiches. Berlin 2002.
Ders./Hoffmann, Heinrich/Lang, Jochen von: Hitler. Gesichter eines Diktators. Eine Bilddokumentation. Neuausgabe München 1975 (zuerst 1968).
Friedrich, Jörg: Der Brand. Deutschland im Bombenkrieg 1940-1945. München 2002.
Groehler, Olaf: Bombenkrieg gegen Deutschland. Berlin 1990.
Ders.: Die Neue Reichskanzlei. Das Ende. Berlin 1995.
Gültner, Rolf: 1945 – Hitlers Ende. In: Knopp, Guido (Hrsg.): History. Geheimnisse des 20. Jahrhunderts. München 2002. S. 191-201.
Guido, Pietro: Führerbunker. Svelati i suoi Misteri. Mailand 2002 (Selbstverlag).
Jesch, Falk: Die Wilhelmstraße im Nutzungswandel. Vom Machtzentrum zum sozialen Wohnungsbau. In: Engel, Helmut/Ribbe,

Wolfgang (Hrsg.): Geschichtsmeile Wilhelmstraße. Berlin 1997, S. 261-268.
Joachimsthaler, Anton. Hitlers Ende. Legenden und Dokumente. Neuausgabe Augsburg 1998 (zuerst 1995).
Ders.: Hitlers Liste. Ein Dokument persönlicher Beziehungen. München 2003.
Jurk, Klaus-Dieter: Die Neue Reichskanzlei. Die Bunker. Berlin 1998 (Selbstverlag).
Lang, Jochen von: Der Sekretär Martin Bormann. 3. Aufl. München – Berlin 1987.
Lauterbach, Iris/Rosenfeldt, Julian/Steinke, Piero (Hrsg.): Bürokratie und Kult. Das Parteizentrum der NSDAP am Königsplatz in München. München – Berlin 1995.
Kershaw, Ian: Hitler. 2 Bde München 1998-2000.
Maser, Werner. Adolf Hitler. Legende, Mythos, Wirklichkeit. Neuausgabe München 1985 (zuerst 1971).
Ders.: Adolf Hitlers Mein Kampf. Geschichte. Auszüge. Kommentare. 8. Aufl. Esslingen 1995 (zuerst 1966).
Musmanno, Michael A.: In zehn Tagen kommt der Tod. Augenzeugen berichten über das Ende Hitlers. Authentische Darstellung der dramatischen Ereignisse der letzten Wochen im Führerbunker der Reichskanzlei. München 1950 (o. Übers.).
Neitzel, Sönke: Die deutschen U-Bootbunker und Bunkerwerften. Bau, Verwendung und Bedeutung verbunkerter U-Bootstützpunkte in beiden Weltkriegen. Koblenz 1991.
Overy, Richard: Verhöre. Die NS-Elite in den Händen der Alliierten 1945. Aus dem Englischen von Hans-Ulrich Seebohm und Udo Rennert. Berlin – München – Frankfurt/Main 2002.
Picker, Henry/Hoffmann, Heinrich/Lang, Jochen von: Hitlers Tischgespräche im Bild. München 1980.
Ramsey, Winston G. The Reichschancellery and the Berlin Bunker. Then and Now. After the Battle Special Edition Nr. 61. London 1988.
Remdt, Gerhardt/Wermusch, Günter: Rätsel Jonastal. Die Geschichte des letzten »Führerhauptquartiers«. Neuausgabe Zella-Mehlis – Meiningen 1998 (zuerst 1992).
Reuth, Ralf Georg: Goebbels. München 1990.
Rhode, Pierre/Sünkel, Werner: Wolfsschlucht 2. Autopsie eines Führerhauptquartiers. 2. Aufl. Leinburg 1995 (Selbstverlag).
Riess, Volker: Hermann Fegelein. Parvenu ohne Skrupel. In: Smelser, Ronald/Syring, Enrico (Hrsg.): Die SS. Elite unter dem Totenkopf.

Paderborn 2000, S. 160-172.
Rshewskaja, Jelena: Hitlers Ende ohne Mythos. Deutsch von Werner Hantke. Berlin (Ost) 1967.
Rürup, Reinhard (Hrsg.): Berlin 1945. Eine Dokumentation. 2. Aufl. Berlin 1995 (zuerst 1995).
Ryan, Cornelius: Der letzte Kampf. Aus dem Englischen von Helmut Degner. München – Zürich 1966.
Schenck, Ernst Günter: Patient Hitler. Eine medizinische Biographie. Düsseldorf 1989.
Ders.: Das Notlazarett unter der Reichskanzlei. Neuausgabe Neuried 1995.
Ders.: Sterben ohne Würde. Das Ende von Benito Mussolini, Heinrich Himmler und Adolf Hitler. Neuried 1995.
Schmal, Helga/Selke, Thomas: Bunker. Luftschutz und Luftschutzbau in Hamburg. Hamburg 2001.
Schoen, Annalie: Planungen seit dem Mauerfall im Parlaments- und Regierungsviertel um die Wilhelmstraße. In: Engel, Helmut/ Ribbe, Wolfgang (Hrsg.): Geschichtsmeile Wilhelmstraße. Berlin 1997, S. 269-281.
Schönberger, Angela: Die Neue Reichskanzlei von Albert Speer. Zum Zusammenhang von nationalsozialistischer Ideologie und Architektur. Berlin 1981.
Seidler, Franz W./Zeigert, Dieter: Die Führerhauptquartiere. Anlagen und Planungen im Zweiten Weltkrieg. München 2000.
Sereny, Gitta: Albert Speer und das deutsche Trauma. Das Ringen mit der Wahrheit. Aus dem Englischen von Helmut Dierlamm, Klaus Fritz und Norbert Juraschitz. München 1995.
Shepardson, Donald E.: The Fall of Berlin and the Rise of a Myth. In: The Journal of Military History 62 (1998), S. 135-153.
Snyder, Louis L. Encyclopedia of the Third Reich. New York 1976.
Toland, John: Adolf Hitler. Bd. 2: 1938-1945: Krieg und Untergang, Feldherr und Diktator. Aus dem Englischen von Uwe Bahnsen. 6. Aufl. Bergisch Galdbach 1996 (zuerst 1976).
Trevor-Roper, Hugh: Hitlers letzte Tage. Deutsch von Joseph Kalmer. Zürich 1948.
Vat, Dan van der: Der gute Nazi. Leben und Lügen des Albert Speer. Aus dem Englischen von Kurt Baudisch und Frank Jankowski. Berlin – Leipzig 1996.
Völklein, Ulrich (Hrsg.): Hitlers Tod. Die letzten Tage im Führerbunker. Göttingen 1998
Wagener, Otto: Hitler aus nächster Nähe. Aufzeichnungen eines

Vertrauten 1929-1932. Hrsg. v. Henry A. Turner. 2. Aufl. Kiel 1987 (zuerst 1978).
Weihsmann, Helmut: Bauen unterm Hakenkreuz. Architektur des Untergangs. Wien 1998.
Wilderotter, Hans: Alltag der Macht. Berlin Wilhelmstraße. Berlin 1998.
Zimmermann, R. Heinz: Der Atlantikwall. Von Dünkirchen bis Cherbourg. Geschichte und Gegenwart mit Reisebeschreibung. München 1982 (Selbstverlag).

Bildnachweis

Bundesarchiv: 85 (u.); BStU/Repro Achim Schulz: 89, 91, 92; dpa/Picture Alliance: 23 (2); Giebel Verlag/BerlinStory: 24, hintere Umschlagklappe; U. Giersch: 120, Innenklappe hinten (2); Kathrin Hirthammer: Innenklappe vorne (2), 16, 29, 34, 39 (2), 43, 45, 51, 68, Imperial War Museum: 83; Interfoto: Titelfoto, 12; National Archives: 20, 32, 36, 47, 57, 78, 81, 82; pwe Kinoarchiv: 21; Erhard Schreier: vordere Umschlagklappe (2), 11, 95, 97 (2), 99, Rückseite; Süddeutscher Verlag Bilderdienst: 14; ullstein bild: 85 (o.); Wohnungsbaugesellschaft Mitte Berlin: 28.

Giebel Verlag
Unter den Linden 10, 10117 Berlin
Tel./Fax: 030/20 45 38 42

Sven Felix Kellerhoff
Wieland Giebel (Hg.)

Als die Tage zu Nächten wurden

Berliner Schicksale im Luftkrieg

240 Seiten, Französische Broschur
20,5 x 12,5 cm
14,80 €
ISBN 3-929829-12-6

Frauen, Kinder und Jugendliche waren die zivilen Opfer des Luftkriegs.
Ohne Pathos berichten mehr als sechzig Zeitzeugen über die Tage und Nächte, in denen im Zweiten Weltkrieg Bomben auf Berlin fielen. Die Berliner Morgenpost hat ihre Leser aufgefordert, diese Erinnerungen festzuhalten. Aus diesen individuellen Schicksalen ergibt sich ein historisches Bild der Zeit, die eine Generation bis heute geprägt hat.
So entstand ein einzigartiges Buch bewegender Schilderungen.

Berlin Bücher 2004

ca. 352 Seiten, Französische Broschur
20,5 x 12,5 cm
ca. 1.500 Einträge
12,00 €
ISBN 3-929829-14-2
September 2003

Dieses Jahr erscheint sie zum ersten Mal, die Bibliographie »Berlin Bücher 2004«, und eröffnet damit eine jährlich erscheinende Serie. Kompakt und handlich bietet sie auf 352 Seiten 1500 Besprechungen lieferbarer Bücher und anderer Medien wie Karten, Hörbücher, DVDs und Videos über Berlin.
Kommentiert werden die Werke durch sachkundig und kompetent geschriebene Rezensionen. Ein klar strukturiertes Inhaltsverzeichnis sowie ein übersichtliches Register erleichtern die Navigation durch die Vielzahl an Eintragungen. Ergänzt wird dies durch 20 Seiten redaktioneller Beiträge exklusiver Texte, die jedes Jahr einen anderen Schwerpunkt setzen werden. In unserer ersten Ausgabe präsentieren wir Autoren aus dem Nicolai Verlag.
Dadurch wird »Berlin Bücher 2004« nicht nur zu einem hilfreichen Instrument für Buchhandel und interessierte Berlin-Leser, es gewinnt an Sammelwert.

www.BerlinStory.de, E-Mail: service@berlinstory.de

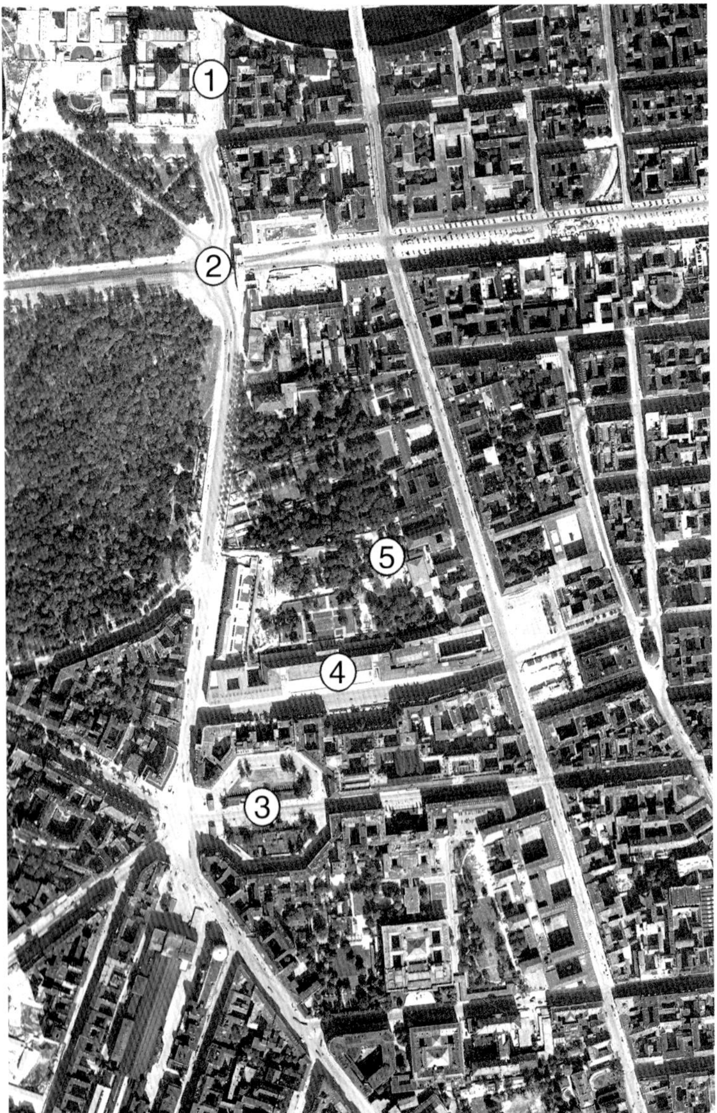

Luftbildplan 1943. Berlin in historischer Stadtstruktur. In der Mitte des Fotos die 1939 vollendete Neue Reichskanzlei in der Voßstraße.

1 Reichstag **2** Brandenburger Tor **3** Leipziger Platz
4 Neue Reichskanzlei **5** Festsaal/Bunker